Ingo Stader, Jesko Dahlmann

VOM KÖNIGLICHEN HOFFLASCHNER ZUM WELTMARKTFÜHRER

INGO STADER
JESKO DAHLMANN

VOM KÖNIGLICHEN HOFFLASCHNER ZUM WELTMARKTFÜHRER

---

125 JAHRE DÜRR

HANSER

INHALT

VORWORT

Liebe Leserinnen und Leser,

es gibt die Ansicht, man müsse mindestens alle fünf Jahre seinen Job wechseln, um Langeweile zu vermeiden. Auch ich habe so gedacht, bis ich zu *Dürr* kam. Nach 16 Jahren als Vorstandsvorsitzender rückt mein Abschied nun zwar näher, aber ich habe in meiner Amtszeit so viel erlebt, dass ich nicht einmal Zeit hatte, nach Anzeichen von Langeweile zu forschen.

Ich habe mich mit *Dürr* stets identifiziert, weil es eine besondere Firma ist, in der Unternehmertum viel Platz hat. Natürlich arbeitet man als Vorstand auch bei *Dürr* in einem Angestelltenverhältnis. Aber meine Kollegen und ich können wie verantwortliche Unternehmer agieren und den Konzern weiterentwickeln. Wir tun dies gemeinsam mit der Belegschaft und dem Aufsichtsrat. Denn Unternehmertum ist hier nicht allein Sache des Managements. Unsere 17.000 Mitarbeiterinnen und Mitarbeiter sollen als Unternehmer im Unternehmen agieren. Wir vertrauen auf ihre Urteilskraft und geben ihnen große Freiräume. Das passt zum Geschäft: Projekte im Maschinen- und Anlagenbau erfordern viel Know-how und Flexibilität. Daher brauchen wir Menschen, die Lösungen finden und Verantwortung übernehmen. Das ist anspruchsvoll, aber auch motivierend. Regelmäßige Mitarbeiterbefragungen zeigen: Bei uns haben überdurchschnittlich viele Beschäftigte das Gefühl, etwas bewegen zu können.

Die Betonung von Eigenverantwortung und unternehmerischem Denken wurzelt in unserer 125-jährigen Geschichte. Sie wurde geprägt von dem Firmengründer Paul Dürr und seinem Sohn Otto, vor allem aber von Heinz Dürr. Das von ihm vorgelebte Unternehmertum ist Teil unserer DNA. „HD", wie er intern genannt wird, hat den Wandel vom Blechbearbeitungsbetrieb zum globalen Engineering-Konzern vorangetrieben. Die dafür nötigen Eigenschaften – Entschlossenheit, Wissbegierde, Innovationskraft, Kundenorientierung – gehören noch heute zum Erfolgsrezept in unserem Geschäft.

Heinz Dürr und ich kennen uns seit über 20 Jahren. In dieser Zeit ist eine von gegenseitigem Vertrauen getragene Verbundenheit entstanden. Er hat mir viele wertvolle Impulse gegeben und ist ein neugieriger Geist, der gut zuhört, eigene Gedanken entwickelt und von der gestaltenden Kraft des Unternehmertums überzeugt ist. Heinz Dürr und seine Weggefährten haben zu ihrer Zeit in Zuffenhausen ein Kapitel in der Geschichte des deutschen Wirtschaftswunders geschrieben. Das Tempo und der Wagemut, mit denen sie zu Werke gingen, wären heutigen Risikomanagern nicht geheuer. Der Erfolg spricht aber für sich und hat dem Unternehmen dauerhaftes Selbstbewusstsein eingeimpft. Auch heute stellen wir uns neuen Herausforderungen, anstatt sie als Bedrohung wahrzunehmen. Das beste Beispiel ist die Digitalisierung. Sie ist ein Fakt und, wenn man sie richtig angeht, eine Chance. Daher treiben wir die digitale Transformation von der Spitze weg voran.

Bei den Kunden stößt unsere 125-jährige Tradition immer wieder auf Interesse. Aber selbstverständlich bestellt niemand aus Nostalgie eine Maschine oder Anlage bei uns. Wichtiger ist die Customer Experience, wie man heute sagt. Unsere Kunden erleben, dass unsere Mitarbeiterinnen und Mitarbeiter das verkörpern, was man mit einem Traditionsunternehmen verbindet: Erfahrung, Verlässlichkeit, Qualitätsstreben und Innovationskraft. Am Markt haben wir den Ruf, dass man uns auch schwierige Aufträge anvertrauen kann. Dieses Image verdanken wir dem jahrzehntelangen Aufbau von Vertrauen.

Auch bei knapp vier Milliarden Euro Geschäftsvolumen ist unsere Unternehmenskultur im besten Sinne mittelständisch geblieben. Es wird angepackt, die Wege sind kurz und die Hierarchien flach. Dieses Buch erzählt davon, wie beherztes Handeln, Gemeinschaftsgefühl, Pragmatismus und Zuversicht die Entwicklung von *Dürr* immer wieder beschleunigt haben. Dieser Geist wird von Generation zu Generation weitergegeben. Daher mache ich mir um die Zukunft keine Sorgen. Wir haben gute Leute an Bord, die den Konzern weiter voranbringen werden – mit neuen Herausforderungen, aber dem bewährten Unternehmer-Spirit von *Dürr*.

Ihr

Ralf W. Dieter
Vorsitzender des Vorstands der *Dürr AG*

GELEITWORT

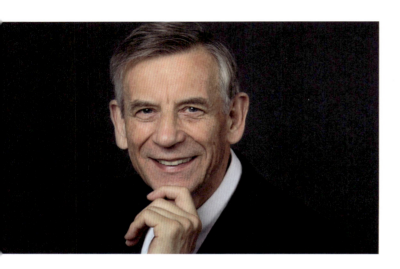

Soweit bekannt ist bisher kein Mensch 125 Jahre alt geworden. Und nur sehr wenigen Unternehmen gelingt es, so lange zu überleben. Ich schätze, dass weniger als zwei von 1.000 Unternehmen dies schaffen. Doch ein solch hoher Geburtstag stellt nicht nur eine Besonderheit dar und gibt Anlass zur Gratulation, sondern provoziert geradezu die Frage nach den Gründen für Überlebensfähigkeit oder Resilienz, wie das heute genannt wird.

Deutschland unterscheidet sich in keinem Bereich so stark vom Rest der Welt wie in der Rolle des Mittelstandes. Mehr als 40 Prozent der 3.000 mittelständischen Weltmarktführer, die ich weltweit aufgespürt habe, stammen aus Deutschland. Diese Firmen kennzeichnet ein Widerspruch. Sie sind einerseits „Weltmeister" auf ihrem Feld, andererseits dem allgemeinen Publikum kaum bekannt. Diese zwei sich widersprechenden Aspekte erfasst der Begriff „Hidden Champions", den ich 1990 für diese außergewöhnlichen Firmen prägte.

Dürr ist ein idealtypischer Hidden Champion! Es empfiehlt sich deshalb, die Geschichte von *Dürr*, die im vorliegenden Buch in vorzüglicher Weise dargestellt wird, im Spiegel des Hidden-Champions-Konzeptes zu beleuchten. Dem sei vorausgeschickt, dass ich *Dürr* nicht nur aus der externen Sicht als Forscher, sondern auch als früheres Aufsichtsratsmitglied kennenlernen durfte.

Die schwierigste Frage ist die nach der letztendlichen Ursache für nachhaltigen Unternehmenserfolg. Jedes Unternehmen beginnt klein, im Fall *Dürrs* als handwerkliche Bauflaschnerei. Eine Minderheit überlebt die ersten Jahre, ganz wenige wachsen über lange Zeiträume und werden schließlich zum Weltmarktführer. Für mich gibt es letztlich nur eine Erklärung für das Erreichen dieses äußerst ambitionierten Zieles: die dahinterstehenden Unternehmer. Diese Unternehmer lassen sich nicht über einen Kamm scheren, aber ich habe fünf Gemeinsamkeiten gefunden: Einheit von Person und Aufgabe, fokussierte Zielstrebigkeit, Furchtlosigkeit, Ausdauer und Inspiration von anderen. Und genau diese Eigenschaften kennzeichnen die drei Unternehmergenerationen von *Dürr*, Paul, Otto und Heinz Dürr. Das Buch belegt dies an unzähligen konkreten Fallbeispielen.

Da ich nur Heinz Dürr persönlich kenne, will ich dies an einigen Erlebnissen illustrieren. Wann immer ich Heinz Dürr treffe, spricht er mit großem Engagement von seinem Unternehmen. Seine Identifikation mit der *Dürr AG* ist total. Zum Thema Furchtlosigkeit: Im Alter von 31 Jahren baute er das Geschäft in Brasilien auf. Dass es sich zudem um ein Projekt handelte, das über die bisherige Erfahrung des Unternehmens hinausging, muss man sich auf der Zunge zergehen lassen. Und mit nie endender Ausdauer trieb er die Globalisierung von *Dürr* bis hin zur Weltmarktführerschaft voran. Die Globalisierung wurde für *Dürr* zum wichtigsten Wachstumstreiber. 1968 stammten erst 25 Prozent des Umsatzes aus dem Ausland, heute sind es fast 80 Prozent. *Dürr* ist ein wirklich globales Unternehmen geworden.

Doch ein Unternehmer kann solche Aufgaben nie allein bewältigen. Er braucht dazu Mitarbeiter, ein Team. Team heißt auf Deutsch Gespann, was bedeutet, dass alle an einem Strang ziehen müssen. Diese Fähigkeit, andere zu inspirieren, für die gemeinsame Aufgabe zu begeistern, zu motivieren, ist eine hervorstechende Fähigkeit Heinz Dürrs und seiner Führungskräfte. Einen herausragenden Beitrag dazu leistete auch Heide Dürr, indem sie Kultur in das Unternehmen brachte und somit im besten Sinne des Wortes „Unternehmenskultur" mitschuf.

Die Führungs- und Unternehmenskultur bildet das Fundament für eine gedeihliche Beziehung von Arbeitgeber und Arbeitnehmern. In dieser Hinsicht ist *Dürr* vorbildlich. Das schafft eine hohe Identität und Betriebstreue. Die niedrige Fluktuationsrate ist eines der herausragenden Merkmale der Hidden Champions.

Dazu zählt auch Führungskontinuität. Über drei Generationen wurde *Dürr* von Familienmitgliedern geführt. Deren durchschnittliche Amtsdauer betrug 28 Jahre. In Großunternehmen liegt diese Zahl bei sechs Jahren. Dieser Zahlenvergleich sagt mehr über langfristige Orientierung als viele Worte. Die Nachfolgeregelung bildet die größte Herausforderung für die Hidden Champions. Irgendwann wird dabei der Übergang auf familienfremde, professionelle Manager notwendig. Ralf Dieter leitet das Unternehmen seit 2006 und setzt damit das Kontinuitätsmuster fort. Beeindruckt hat mich während meiner Zeit als Aufsichtsrat auch Reinhart Schmidt. Selten habe ich einen Vorstandsvorsitzenden erlebt, der sein Geschäft so tief und im Detail kannte. Das darf ich an einem kleinen Erlebnis beleuchten. In einer amerikanischen Zeitung hatte ich gelesen, dass es Schwierigkeiten in der lokalen Lackierfabrik eines Autoherstellers gab. Die Arbeiter verwendeten ein Haarspray mit Metallpartikeln, die sich auf dem Lack niederließen. Ich schnitt den Artikel aus und sandte ihn an Reinhart Schmidt. Er antwortete: „Ich kenne dieses Problem, denn ich war vor Ort in der Fabrik. Die jetzige Anlage ist von einem Wettbewerber, der das Metallpartikel-Problem nicht in den Griff bekommt. Wir haben eine Lösung entwickelt. Ich bin optimistisch, dass wir beim nächsten Mal zum Zuge kommen." Der Chef in Stuttgart wusste nicht nur genau, was in der Lackierfabrik eines Kunden irgendwo in Amerika Probleme bereitet, sondern er war persönlich vor Ort gewesen und hatte eine Lösung, obwohl die derzeitige Anlage von der Konkurrenz stammte. Das nenne ich exemplarische Kundennähe des Vorstandsvorsitzenden eines Milliardenunternehmens.

Kundennähe ist eine herausragende Stärke der Hidden Champions und auch von *Dürr*. Und Kundennähe bildet zusammen mit der technologischen Kompetenz das Fundament für erfolgreiche Innovation. Weltmarktführer wird man nicht durch Imitation, sondern ausschließlich durch Innovation. Das Buch liefert zahlreiche Belege für diese Aussage. *Dürr* war und ist immer wieder Pionier, und zwar sowohl mit bahnbrechenden Innovationen als auch, genauso wichtig, mit ständigen Verbesserungen. Die diesbezüglichen Herausforderungen werden nicht geringer, eher im Gegenteil. Ich nenne nur die Stichworte Automatisierung und Digitalisierung. Doch im Widerspruch zur landläufigen Meinung, dass Deutschland in der Digitalisierung hinterherhinkt, beweist *Dürr*, dass die Firma an vorderster Front mitspielt.

Dürr ist seit über 30 Jahren börsennotiert. Ich halte den Börsengang für eine glückliche Entscheidung, obwohl er für Hidden Champions eher atypisch ist. Zum einen lässt sich das Wachstum, das *Dürr* vollzogen hat, aus interner Kraft kaum finanzieren. Zum anderen werden mit dem Börsengang Berichtswesen, Corporate Governance und Nachfolge professionalisiert. Besonders freut mich – und hier zitiere ich als externe Quelle die Laudatio zur Einstufung von *Dürr* als Top-Arbeitgeber Automotive –, „dass Dürr trotz der Börsennotierung in vielen Bereichen die Kultur eines mittelständischen Familienunternehmens bewahrt hat". Darauf können Heinz und Heide Dürr sowie Prof. Dr. Dr. Alexandra Dürr, als Aufsichtsratmitglied der nächsten Generation, und das Management stolz sein. Im Interview, das Heinz Dürr für dieses Buch gab, formuliert er den Ratschlag: „Bleibt neugierig!" Wenn diesem Rat gefolgt wird, dann braucht man sich um die Zukunft von *Dürr* keine Sorgen zu machen.

Prof. Dr. Dr. h. c. mult. Hermann Simon
Honorary Chairman Simon-Kucher & Partners

125 JAHRE DÜRR

1917

Während des Ersten Weltkriegs, in Zeiten äußerster Materialknappheit, macht Not erfinderisch. Paul Dürr kauft eiserne Zuckerhutformen, um daraus verschiedenste Gegenstände für den Haushaltsbedarf herzustellen, zum Beispiel Waschkessel und Gießkannen.

1923

Im Jahr der Hyperinflation tritt Pauls Sohn Otto in den Betrieb ein. Neun Jahre später übernimmt er vom Vater die Geschäftsführung.

1929

Gegen Ende der 1920er-Jahre ist aus der Blechbearbeitung ein eigener Betriebszweig geworden. Während in der Bauflaschnerei vieles noch von Hand erledigt wird, setzt man in der Blechbearbeitung immer leistungsstärkere Maschinen ein und nähert sich langsam der industriellen Fertigung an. Da *Dürr* stark von der Weltwirtschaftskrise betroffen ist, setzt sich diese Entwicklung erst in den 1930ern durch.

1938

Mit Franz Schanne tritt der erste Ingenieur in den Betrieb ein und ein Reißbrett wird angeschafft. Damit wird das Engineering-Zeitalter bei *Dürr* eingeleitet. Es entsteht ein Konstruktionsbüro und auch kompliziertere Blechprodukte können nun hergestellt werden.

1896

Paul Dürr gründet in Cannstatt bei Stuttgart eine Bauflaschnerei. Der Handwerksbetrieb führt Metallarbeiten an Dächern und Fassaden aus und genießt schon bald einen ausgezeichneten Ruf.

1898

Bereits in der Gründungsphase sind die Auftragsbücher gut gefüllt, weshalb der Handwerksbetrieb nach nur zwei Jahren größere Räume beziehen muss. Paul Dürr erwirbt ein Wohnhaus mit Lagerräumen und richtet dort eine für damalige Verhältnisse bemerkenswert moderne Arbeitsstätte ein.

1913

Die Arbeit am Dach des Stuttgarter Kunstgebäudes bringt Paul Dürr den Titel des »Königlich-Württembergischen Hofflaschners« ein.

1939

Der Zweite Weltkrieg beginnt. *Dürr* ist Teil der nationalsozialistischen Rüstungsindustrie und liefert unter anderem Blechteile für Militärfahrzeuge. Im Unternehmen werden während des Kriegs Zwangsarbeiter eingesetzt.

1943

Bei einem Bombenangriff wird der Hauptbetrieb in Bad Cannstatt vollständig zerstört. Alle Aktivitäten werden nach Zuffenhausen verlegt.

1950

Otto Dürr erkennt, dass seine Firma mit der Bauflaschnerei und der Blechbearbeitung allein wenig Zukunft hat. Er spielt mit dem Gedanken, in den Anlagenbau einzusteigen. Eine Informationsreise in die USA bestärkt ihn in seinem Vorhaben. Noch im selben Jahr erstellt *Dürr* die erste selbst konstruierte Anlage zur Oberflächenbehandlung: eine Phosphatieranlage für Scheibenräder.

1957

Mit Heinz Dürr tritt die dritte Generation in das Familienunternehmen ein. Drei Jahre später wird der Junior an der Seite seines Vaters in der Geschäftsführung tätig und mehr und mehr zur treibenden Kraft.

1963

Elektrisierende Neuentwicklung: Heinz Dürr und seine Ingenieure bringen ein neues Beschichtungsverfahren zur Marktreife, die elektrophoretische Tauchlackierung. Damit löst *Dürr* das Ticket für das internationale Geschäft mit Lackieranlagen für die Automobilindustrie.

1964

Dürr folgt *VW* nach Brasilien und gründet dort seine erste Auslandsgesellschaft. Wenige Jahre später expandiert das Unternehmen in weitere Länder, unter anderen Mexiko und die USA.

1969

Otto Dürr zieht sich aus der Geschäftsführung zurück. Heinz Dürr übernimmt die alleinige Verantwortung für die Firma.

1980

Heinz Dürr wird Chef des sanierungsbedürftigen Elektrogiganten *AEG*. Später sitzt er auch im *Daimler*-Vorstand und wird nach der Wiedervereinigung Chef der Deutschen Bundesbahn. »Seinem« Unternehmen, der Firma *Dürr*, bleibt er aber eng verbunden.

2005

Kurz nach der Jahrtausendwende gerät das Unternehmen in eine wirtschaftliche Schieflage. Mit dem Optimierungsprogramm FOCUS findet *Dürr* zurück in die Erfolgsspur und baut in den Folgejahren seine Position im Zukunftsmarkt China aus.

2008

Mit dem Trockenabscheidungssystem EcoDryScrubber senkt *Dürr* den Energieverbrauch von Lackierkabinen.

2013

Heinz Dürr scheidet kurz vor seinem 80. Geburtstag aus dem Aufsichtsrat aus und wird dessen Ehrenvorsitzender.

2014

Die größte Akquisition der Firmengeschichte sorgt für Aufsehen: Der Dürr-Konzern übernimmt die *HOMAG Group*, den weltweit führenden Anbieter von Holzbearbeitungstechnik.

1989

Der Börsengang bringt die nötigen finanziellen Mittel für die Übernahme des Applikationstechnikspezialisten *Behr*. Damit bündelt der *Dürr*-Konzern alle wichtigen Technologien für die Automobillackierung unter seinem Dach. Heinz Dürr wird Aufsichtsratsvorsitzender der neuen *Dürr AG*.

1996

Dürr entwickelt einen eigenen Lackierroboter und setzt damit neue Maßstäbe in puncto Flexibilität, Qualität und Umweltverträglichkeit.

2000

Das Messtechnikunternehmen *Schenck* wird Teil des Konzerns. *Dürr* erweitert damit sein Portfolio, unter anderem durch Auswucht- und Diagnosetechnik.

2001

Dürr setzt das neue RoDip-Verfahren ein. Die Karosserie vollführt einen Purzelbaum, während sie durch das Tauchbecken fährt.

2017

Die IoT-Allianz ADAMOS für den Maschinenbau wird aus der Taufe gehoben. *Dürr* zählt zu den Gründungsunternehmen und zeigt, dass man die Digitalisierung offensiv angeht.

2021

Mit Innovationen und Akquisitionen baut der *Dürr*-Konzern seine Spitzenposition aus und fokussiert sich dabei vor allem auf die Themen Digitalisierung, Automatisierung und Nachhaltigkeit. Mit Freude und Stolz kann *Dürr* auf 125 Jahre Firmengeschichte zurückblicken.

GRÜNDERZEIT
UND
ZEITENWENDE

1896
–
1918

In der Stuttgarter Gewerbehalle herrscht geschäftiges Treiben: Auf einer Fachausstellung präsentieren allerlei Händler ihre Waren. Doch das Publikum schart sich an diesem Sommertag 1910 vor allem um einen Stand: Paul Dürr präsentiert sein „Landschaftsbild". Dürr und seine Mitarbeiter haben aus Blech ein 12 Meter langes Miniatur-Wunderland des frühen 20. Jahrhunderts geschaffen – mit kleinen Häusern, Weinbergen, Straßen und Fahrzeugen. In einem über 3.000 Liter fassenden Wasserbassin kreuzen Kriegs- und Handelsschiffe hin und her. Gekrönt wird das Panorama durch das seinerzeit aufsehenerregendste Sinnbild für den technischen Fortschritt im Deutschen Reich: ein Zeppelin-Luftschiff, das über der Landschaft schwebt. Begleitet von einem großen Spektakel bestaunen sogar die württembergischen

Paul Dürrs Landschaftsbild
von 1910 – bestaunt vom
württembergischen Hochadel (unten).

Herzogssöhne Philipp II. Albrecht,
Albrecht Eugen und Carl Alexander
das Landschaftsbild. Zu deren Ehren
haben die *Dürr*-Mitarbeiter kleine
württembergische Flaggen an einigen
Gebäuden gehisst und maßstabs-
gerechte Miniaturkanonen gefertigt,
die sogar Salutschüsse für den hohen
Besuch abfeuern.

Das hübsche Landschaftsbild ist dabei mehr aus der Not heraus entstanden, denn Paul Dürrs Flaschnerbetrieb, der eigentlich Metallarbeiten an Dächern und Fassaden ausführt, fehlen im Winter die Aufträge. Doch der Meister macht das Beste aus den Umständen: Um die Mitarbeiter weiter zu beschäftigen und ihre feinmotorischen Fähigkeiten zu schulen, werden sie während der Wintermonate mit der Herstellung des Landschaftsbilds betraut – nicht zuletzt als Demonstration der Fähigkeiten der *Dürr*'schen Werkstatt.

———

„Ein Kunstwerk, das sich anzusehen lohnt, ist z. Z. im Königsbausaal ausgestellt. Der Bauflaschner Paul Dürr in Cannstatt hat in über vierjähriger Arbeit, so nebenbei, meist im Winter, wenn das Geschäft gerade nicht pressant war, ein Panorama geschaffen. Alles plastisch dargestellt und in natürlichen Farben, alles in Betrieb zu Wasser und zu Land, mit Wasser und elektrischer Kraft und elektrischem Licht."

———

Der PR-Coup gelingt: Herzog Albrecht von Württemberg bringt seine Anerkennung für das heimatverbundene künstlerische Schaffen des Cannstatter Flaschnermeisters sogar in einem persönlichen Schreiben zum

Schaustellung Dürr.

Burg Hohenzollern in Blech getrieben.

Ein Landschaftsbild
in Blech getrieben
mit Eisenbahn= und Schiffahrts-Anlagen u. f. w.
Verfertiger der ganzen Anlage:
Paul Dürr, Zinkornamenten=Fabrik, Stuttgart=Cannstatt.

Ausdruck; auch in der regionalen Tagespresse wird das außergewöhnliche, detailverliebte Werk gewürdigt. Die „Schwäbische Tagwacht" schreibt: „Ein Kunstwerk, das sich anzusehen lohnt, ist z. Z. im Königsbausaal ausgestellt. Der Bauflaschner Paul Dürr in Cannstatt hat in über vierjähriger Arbeit, so nebenbei, meist im Winter, wenn das Geschäft gerade nicht pressant war, ein Panorama geschaffen. Alles plastisch dargestellt und in natürlichen Farben, alles in Betrieb zu Wasser und zu Land, mit Wasser und elektrischer Kraft und elektrischem Licht."[1] Es erfreut sich so großer Beliebtheit in Stuttgart, dass die Zeitung es sogar ein zweites Mal lobend erwähnt, als es im selben Jahr auch auf der württembergischen Flaschnerausstellung öffentlich präsentiert wird.[2]

Ernennung Paul Dürrs
zum Hofflaschner, in: Archiv des
Hauses Württemberg, Hofbehörden,
Hofmarschallamt Hoftitel, E 3b III.

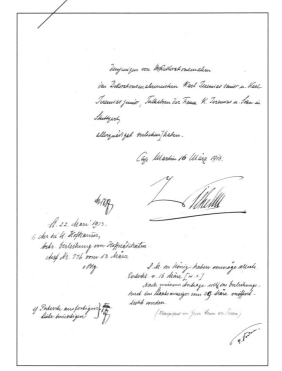

Die Leistung spricht sich bis in die höchsten Kreise Württembergs herum, Renommee und neue lukrative Aufträge sind die Folge: Als der württembergische König Wilhelm II., Bruder Herzog Albrechts, noch im Jahr 1910 den Bau des Stuttgarter Kunstgebäudes plant, erhält Dürrs Betrieb den Auftrag für die Dacheindeckung. Deren handwerklich tadellose und zugleich kunstvolle Umsetzung wird Paul Dürr drei Jahre später den Titel „Königlich-Württembergischer Hofflaschner" einbringen. Der Firmenchef beeilt sich, diese ehrenvolle Auszeichnung auch im Handelsregister eintragen zu lassen – dort findet man ihn fortan unter „Paul Dürr, Kgl. Hofflaschnermeister, Bau-flaschnerei, Werkstätte für Kupferarbeiten, Glasbedachungen und Blitzschutzanlagen".[3]

Der Erfolg fußt auf handwerklich grundsolider, qualitativ hochwertiger Arbeit und der Kreativität des Gründers. Die Verbindung aus beidem ist das damalige Erfolgsgeheimnis des Betriebs, wie Otto Dürr, Sohn des Firmengründers, später hervorheben wird: „Wohl hatte mein Vater seine Lust daran, immer neue Ornamente und Verzierungen zu erfinden, zu zeichnen und zu bauen, wohl war schon früh eine künstlerische Ader unverkennbar, immer und zuallererst aber war er ein Handwerker: Seine Flaschnerarbeiten waren vorbildlich, seine Verwahrungen dauerhaft, seine Kupferdächer dicht."[4]

DER GRUNDSTEIN FÜR EIN WELTUNTERNEHMEN

Knapp 17 Jahre nach Gründung seines kleinen Cannstatter Betriebs darf sich Firmengründer Paul Dürr also schon mit königlichen Auszeichnungen schmücken – eine Entwicklung, die kaum vorherzusehen war.

Nach seinen Wanderjahren möchte sich der 24-jährige Flaschnermeister (was heute wohl einem Bauklempner entsprechen würde) Paul Dürr 1895 selbstständig machen und spezialisiert sich auf die Herstellung und Montage von Dächern, Ofenrohren, Regenrinnen, Gesimsen und Ornamenten aus Kupfer und Blech. Seinen ersten wichtigen Auftrag erhält das Kleinunternehmen noch im selben Jahr. Dürr soll für die nahe gelegene Cannstatter Artilleriekaserne Ofenrohre aus 1 Millimeter starkem Schwarzblech anfertigen. Mit vier Gesellen macht sich Paul Dürr an die Arbeit – und das junge Team meistert die erste Aufgabe. Der Auftraggeber ist zufrieden und Paul Dürr erkennt, dass er in der Branche bestehen kann. Am 4. Juni 1896

PAUL DÜRR
Paul Albert Dürr wird am 15. Juni 1871 in Cannstatt geboren. Seine Eltern sind der Stuttgarter Bürger Gottlob Friedrich Dürr und dessen Frau Maria Catharina Wilhelmine (geb. Wörz). Schon Paul Dürrs Vater ist Handwerker und als Schmied tätig. Paul Dürr wird einen ähnlichen Weg einschlagen und 1896 den Grundstein für ein Weltunternehmen legen.

Paul Dürrs
Flaschnerbetrieb in
der Brunnenstraße 16
in Cannstatt.

lässt er seinen Betrieb in der Brunnenstraße 16 auch offiziell ins Gewerberegister eintragen und legt damit den Grundstein für eine 125-jährige Erfolgsgeschichte.

Die Zeit für eine Unternehmensgründung ist durchaus günstig; gegen Ende des 19. Jahrhunderts herrscht im Deutschen Reich Aufbruchstimmung: Die Hochindustrialisierung hat zu bahnbrechenden technischen Innovationen geführt, insbesondere in forschungsbasierten Leitsektoren wie Elektrotechnik und Chemie. Otto Lilienthal unternimmt erste Segelflüge in selbst gebauten Fluggeräten, Wilhelm Conrad Röntgen stellt seine „X-Strahlen" vor, Carl Benz konstruiert mit seinem „Patent Motorwagen Nummer 1" 1886 das erste Auto und Gottlieb Daimler entwickelt elf Jahre später den weltweit ersten motorisierten Lastkraftwagen, der bereits eine Nutzlast von 1,5 Tonnen hat und 1897 auf dem Cannstatter Volksfest („Wasen") öffentlich präsentiert wird.[5] Es ist eine Zeit des wissenschaftlichen und technischen Fortschritts, der Kreativität und scheinbar grenzenloser Zuversicht – eine Zeit der umfassenden Veränderungen: Mittlerweile arbeiten fast genauso viele Menschen in den großen städtischen Industriebetrieben wie in der Landwirtschaft. Die Bevölkerung in Deutschland wächst im letzten Drittel des 19. Jahrhunderts um 30 Prozent, die Lebenserwartung steigt aufgrund besserer medizinischer Versorgung im Schnitt um rund fünf Jahre.

Cannstatt zu Beginn des 20. Jahrhunderts.

Auch in Paul Dürrs Heimat Cannstatt ist die Dynamik der Epoche spürbar. Der Ort ist zu dieser Zeit wirtschaftlich geprägt von mittelständischen und kleineren handwerklichen Betrieben, deren Gründung durch die Einführung der Gewerbefreiheit in Württemberg im Jahr 1862 begünstigt worden ist. Schon fast die Hälfte aller Cannstatter ist mittlerweile in den über 1.000 Gewerbebetrieben beschäftigt.

BLICKWINKEL HEINZ DÜRR: FAMILIENERZÄHLUNGEN ÜBER DEN GRÜNDER

Gibt es Erinnerungen oder Überlieferungen zu Ihrem Großvater Paul Dürr?

Heinz Dürr: Ich selbst habe keine Erinnerungen an ihn. Er ist ja 1936 gestorben. Meine Mutter meinte, dass er ein „Glob" gewesen sei, also ein ungeschlachter Mensch. Rein äußerlich war er das als Mann von immerhin zweieinhalb Zentnern ohne Frage. Aber mein Großvater hatte schon auch künstlerische Eigenschaften. So war er etwa leidenschaftlicher Philatelist. Er hatte sich auch bewusst manchmal von hinten fotografieren lassen, weil er der Meinung war, dass die Leute später wissen sollten, wie er aus den verschiedenen Perspektiven ausgesehen hat. Zudem war er wohl gesellig. Der saß jeden Tag in der Wirtschaft, hat da seine „Viertele" getrunken und mit seinen „Spezis" geredet.

UNTERNEHMENSPHILOSOPHIE UND GROSSAUFTRÄGE

Paul Dürrs Gründung 1896 passt gewissermaßen perfekt in diese Epoche, in der sich – oft noch auf der Basis des Althergebrachten – ganz neue, bisher ungeahnte Möglichkeiten auftun. Für den Handwerksmeister Dürr bedeutet das, neben seiner traditionellen Handwerkskunst auch auf fortschrittliche maschinelle Einrichtungen zu setzen, was auch in Kunden- und Fachkreisen nicht unbemerkt bleibt und ihm früh zu Ansehen verhilft. Paul Dürrs Betrieb gilt schnell als leistungsfähig und zuverlässig, und so sind die Auftragsbücher schon in den Anfangsjahren gut gefüllt.[6]

Nach dem Großauftrag über die Lieferung der Kasernenofenrohre und weiteren Aufträgen erwirbt Paul Dürr deshalb 1898 ein größeres Gebäude in Cannstatt: ein Wohnhaus in der Hofener Straße 3 mit großflächigeren Lagerräumen, die auch für zukünftige

Dürr in der Hofener Straße in Cannstatt. Schon bald entwickeln sich geschäftliche Beziehungen zu Daimler. (rechte Seite)

Erweiterungen des Betriebs hinreichend Platz bieten. Er wandelt es gemeinsam mit seiner kleinen Mannschaft in eine für damalige Verhältnisse bemerkenswert moderne Arbeitsstätte um. Als einer der ersten Handwerksmeister im Raum Stuttgart setzt er Maschinen ein, die nicht mehr von Hand angetrieben werden müssen. So kommen in den zur Werkstätte umgebauten Lagerräumen unter anderem eine gasmotorbetriebene Kurbeltafelschere, ein Fallwerk zum Pressen und Stanzen von Ornamenten und eine Ziehbank für Gesimse aus Blech zum Einsatz.[7]

Die Investitionen machen sich bezahlt: Dürr und seine Mitarbeiter liefern hochwertige Arbeit ab, bald schon wachsen die Aufträge in Anspruch und Umfang immer weiter, vor allem im Bereich größerer Bauprojekte. Und auch der Aktionsradius des Betriebs wächst: Um 1900 wird *Dürr* über die Grenzen des Deutschen Reichs hinaus in die Schweiz und nach Österreich gerufen, um Dachrinnen, Verwahrungen, Ornamente aus Kupfer und Zink auch für herrschaftliche Gebäude und sogar Schlösser herzustellen und zu montieren. Aber auch im heimischen Württemberg geht der Aufstieg weiter voran, Paul Dürrs Betrieb darf Arbeiten an zahlreichen bedeutenden Bauwerken ausführen: in Stuttgart etwa am Hoftheater, dem Hauptbahnhof und der Eisenbahndirektion; an den Linoleumwerken in Bietigheim und an einer neu zu errichtenden Zeppelinhalle in Friedrichshafen.

Ferdinand Graf von Zeppelin ist nicht der einzige namhafte visionäre Unternehmer, in dessen Auftrag Dürr tätig wird. Das nahe Untertürkheim entwickelt sich um die Jahrhundertwende zu einem frühen Zentrum der deutschen Automobilindustrie, wovon die gesamte Region wirtschaftlich profitiert. Zwischen Gottlieb Daimler und Paul Dürr entstehen geschäftliche Beziehungen, wie sich Paul Dürrs Sohn Otto erinnert: „Als damals einige Hallen in Untertürkheim abbrannten, kam Gottlieb Daimler zu meinem Vater und fragte ihn, ob er nicht für einige Zeit seine Wasserkühler bei ihm in der Werkstatt machen könne. Was dann auch geschah."[8]

ZWEI SCHWÄBISCHE
TRADITIONSUNTERNEHMEN –
UND EINE KOOPERATION BIS HEUTE

Aus der nachbarschaftlichen Hilfe bei den Wasserkühlern entsteht im weiteren Verlauf eine unternehmerische Kooperation, die sich für beide Seiten als dauerhaft und fruchtbar erweisen soll. Die 1890 gegründete *Daimler-Motoren-Gesellschaft* wird schnell zu einem Stammkunden von *Dürr*. Wie Paul Dürr ist auch Gottlieb Daimler ein waschechter Schwabe aus der Region und hatte seine ersten Schritte vom Tüftler hin zum Ingenieur als Handwerksgeselle gemacht. Auch für Daimler sind die Aussichten gut: Der Motorenmarkt boomt, das Unternehmen wächst und hat 1904 bereits 2.200 Mitarbeiter.

Die gute Verbindung bleibt auch nach Gottlieb Daimlers Tod im Jahr 1900 bestehen, da sich dessen zweitältester Sohn Adolf und Paul Dürr gut kennen und freundschaftlich verbunden sind. Heute sind beide Unternehmen längst aus ihrer schwäbischen Heimat herausgewachsen, weltweit bekannt und haben als langjährige Partner Höhen und Tiefen erlebt.

TECHNISCHER FORTSCHRITT
UM DIE JAHRHUNDERTWENDE

Als fortschrittsorientierter Mensch verliert Paul Dürr bei allem Erfolg die Zukunft nicht aus dem Blick – eine Einstellung, die sich als wegweisend für die Entwicklung des Unternehmens erweisen soll und später auch von seinem Sohn Otto gewürdigt wird: „Er war nicht nur ein tüchtiger Meister seines Faches, sondern ein aufgeweckter Mann mit beweglichem Geist und unternehmerischer Initiative. [...] Ja, mein Alter ging mit dem Fortschritt!"[9] Paul Dürr hat immer ein Auge für die Trends am Markt.

> „Er war nicht nur ein
> tüchtiger Meister seines Faches,
> sondern ein aufgeweckter Mann
> mit beweglichem Geist und
> unternehmerischer Initiative. [...]
> Ja, mein Alter ging mit
> dem Fortschritt!"

Er besucht 1905 die Weltausstellung im belgischen Lüttich, entdeckt dort eine 2 Meter lange Kurbelschere und ist begeistert. Sofort erkennt er das Potenzial für seinen Betrieb und bestellt eine Kurbelschere für die

heimische Werkstatt. Zusätzlich wird der Maschinenpark um ein größeres Fallwerk sowie eine senkrecht arbeitende Abkantmaschine erweitert, auf der auch bis zu 10 Millimeter starkes Blech gebogen werden kann – wer bei Dürr arbeitet, arbeitet an hochmodernen Maschinen.

Die Fortschrittsfaszination des Gründers entspricht dem Zeitgeist der Epoche, in der sich auch die Kommunikationstechnik entscheidend weiterentwickelt hat: So können Kunden und Geschäftspartner die Firma Dürr als einen der ersten Handwerksbetriebe im Stuttgarter Raum bereits um die Jahrhundertwende telefonisch unter der kurzen Nummer 283 erreichen – das „elektrische Fernsprechen" ist zu dieser Zeit doch noch eher ein Kuriosum, eine dreistellige Nummer reicht zur Identifikation.[10]

SCHWÄBISCHES TÜFTLERTUM TRIFFT MODERNE

Deutschland nimmt im Laufe der Hochindustrialisierung eine weltweit führende Position in den zukunftsweisenden Industriesektoren Elektrotechnik, Chemie, Maschinenbau und Feinmechanik ein. Damit einhergehend wachsen auch gesellschaftliche Bedeutung und Renommee der Techniker und Ingenieure. Die Übergänge zwischen klassischen Handwerks- und Ingenieurberufen sind gegen Ende des 19. Jahrhunderts noch fließend. Einfache Handwerker wie Paul Dürr, die moderne Maschinen anschaffen und sie in ihren Betrieben noch verbessern, tragen einen wichtigen Teil zum technologischen Fortschritt in ihren Branchen bei.

Die *Dürr*'sche Werkstatt ist ein eindrucksvolles Beispiel dafür, wie in kurzer Zeit ein selbstständiger Handwerksmeister seine kleine Firma zu einem industriellen Betrieb mit hochmodernen Maschinen wandelt. Neben dem Tüftlertum spielt auch das Unternehmertum, also der Drang, sein Unternehmen ständig weiterzuentwickeln, eine große Rolle.

Im Großraum Stuttgart entsteht zu dieser Zeit ein Netzwerk an kleinen Firmen, die miteinander kooperieren, wachsen und aus denen später ein „Cluster" an Industrieunternehmen hervorgeht, die vorrangig der Automobil- oder Maschinenbaubranche zuzuordnen sind. Diese schwäbischen Betriebe haben schon früh hohe qualitative und technische Standards gemeinsam und bilden regionale Wertschöpfungsketten, die zur Herstellung von ausgereiften Produkten in den genannten Industriezweigen benötigt werden.[11]

DIE MENSCHEN BEI DÜRR

Doch der Erfolg von *Dürr* basiert nicht nur auf Maschinen und Technik. Gründer Paul Dürr wirkt auf Porträts meist eher grimmig-entschlossen, doch der Meister hat auch eine ausgeprägte kreative Ader. In seiner Freizeit widmet er sich der Taubenzucht und ist als leidenschaftlicher Sammler stets bemüht, seine außergewöhnlichen Kollektionen von Briefmarken und Zinnsoldaten zu erweitern. Um an besondere Stücke zu kommen, schickt er seinen Sohn schon als kleinen Jungen mit einem Bockgespann in nahe gelegene Ortschaften. Diese Leidenschaft färbt aber nicht auf den Junior ab. Auf die Frage, ob er die Sammlerleidenschaft seines Vaters geerbt habe, entgegnet Otto Dürr: „Kann man eigentlich nicht sagen … Im Wesentlichen sammle ich Erfahrungen […].“[12]

Paul Dürr (mit Hut) und seine Mitarbeiter, um 1910. Die Werkstatt. (rechte Seite)

Paul Dürr ist auch Familienmensch und stolzer Vater: Nach der Geburt der Töchter Elisabeth, Martha und Lydia können sich die Eltern über weiteren Nachwuchs freuen: Otto Dürr erblickt am 4. März 1904 das Licht der Welt. Die Rollenverteilung im Hause Dürr ist klar: Mutter Luise (geb. Eberspächer)[13] widmet sich vorrangig den Kindern, Paul Dürr konzentriert sich auf den Betrieb. Doch den ein oder anderen Beitrag zum Unternehmen dürfte auch seine Ehefrau geleistet haben, immerhin ist ihr Vater, Jakob Eberspächer, selbst Flaschnermeister – und mit seinem 1865 gegründeten Handwerksbetrieb in Esslingen erfolgreich: Während sein Schwiegersohn in Cannstatt gerade erst startet, hat Eberspächer im Jahr 1900 über 80 Mitarbeiter.

Familie und Betrieb gehen also Hand in Hand – und Paul Dürr legt auch eine väterliche Fürsorge für seine mittlerweile knapp 20 Mitarbeiter an den Tag. Als 1906 die Räumlichkeiten wieder zu eng werden, erweitert Dürr nicht nur den Maschinenraum, sondern stellt den Mitarbeitern auch ein Magazin und geräumige Büros zur Verfügung. Und er geht noch weiter: Weil in der kalten Jahreszeit Schnee und Eis die Außenarbeiten für Bauflaschner weitgehend unmöglich machen, ist es zu dieser Zeit allgemein üblich, den Gesellen bei Einbruch des Winters zu kündigen und sie erst im Frühjahr wieder einzustellen. Dürr beweist

hingegen, wie sehr ihm seine Mitarbeiter am Herzen liegen: Er beschäftigt seine Gesellen auch den Winter über und nutzt die Zeit, um sie weiter auszubilden – oder zur Erstellung des eingangs erwähnten Landschaftsbilds.

Doch dieses Engagement wird schließlich auf eine harte Probe gestellt. Im Winter 1909/1910 verschlechtert sich die Auftragslage derart, dass die Zahlungsfähigkeit des Betriebs ernsthaft gefährdet ist und über Paul Dürrs Vermögen im August 1910 ein Konkursverfahren eröffnet wird.[14] Zunächst scheint es so, als müsste der Gründer die Weiterbeschäftigung seiner Mitarbeiter im Winter mit der Firmenpleite bezahlen. Die Firma steht vor der schwersten Prüfung in ihrer noch jungen Geschichte. Doch mit dem PR-Erfolg des Landschaftsbildes wendet sich die Lage – und ab dem Sommer sorgen schließlich auch zahlreiche Aufträge für die wirtschaftliche Trendwende: Bereits im November 1910 kann das Konkursverfahren eingestellt werden.[15] Die erste Krise bleibt also eine kurze Episode, die Chef und Belegschaft enger zusammenschweißt. Paul Dürr hat Nervenstärke bewiesen – nun sieht er sich in seiner Beharrlichkeit bestätigt.

IN EUROPA
GEHEN DIE LICHTER AUS

Die hoffnungsvolle Ära findet schließlich ihr Ende. Mit dem Deutschen Kaiserreich ist ein so großer neuer „Player" ins europäische Mächtekonzert eingetreten, dass ein Ausgleich der verschiedenen nationalen Interessen von Beginn an eine sorgfältige Balance erfordert. Was unter Bismarck in einem komplizierten Wechselspiel aus Wettrüsten, Verhandlungen und Bündnissen noch funktionierte, gerät unter Kaiser Wilhelm II. zusehends in eine bedrohliche Schieflage. Der laute Stil, Provokationen und dilettantische Fehleinschätzungen bahnen schließlich den Weg in die Katastrophe: Am 28. Juni 1914 erschießt der serbische Nationalist Gavrilo Princip im bosnischen Sarajevo den österreichischen Thronfolger Franz Ferdinand und seine Gemahlin auf offener Straße. Der Vielvölkerstaat Österreich-Ungarn ist ins Mark getroffen, die Demütigung und die Empörung sind riesengroß. Entsprechend hitzig und über-stürzt sind die Reaktionen, die durch den deutschen Bündnispartner noch befeuert werden.

Für die Bewohner Europas ist in diesen Wochen noch schwer vorstellbar, was kommen wird. Es ist ein ungewöhnlich heißer Sommer 1914 und als sich im Juli die Krise durch Depeschen und Ultimaten zwischen den Hauptstädten massiv zuspitzt, genießen viele Menschen noch sorglose Tage im Sommerurlaub. Trotz des raueren Tonfalls hatten sich in der Vergangenheit schon mehrere Krisen noch diplomatisch lösen lassen. Doch dieses Mal scheint die Bereitschaft zum Krieg auf allen Seiten größer. Am 28. Juli erklärt Österreich-Ungarn, be-stärkt durch Versicherungen aus Berlin, Serbien den Krieg. Ab diesem Moment sind die fatalen Bündnisverkettungen kaum mehr aufzuhalten. Nacheinander machen Russland, Frankreich,

Ein neues Produkt aus dem
Hause Dürr: Härtekästen, ca. 1920.

das Deutsche Reich und Großbritannien mobil; kurz darauf folgen die Kriegserklärungen: Am 1. August erklärt das Deutsche Reich dem russischen Zarenreich den Krieg, zwei Tage später folgt die Kriegserklärung an Frankreich. Und nachdem deutsche Truppen die Neutralität Belgiens verletzen, reagiert auch Großbritannien – am 4. August erklären die Briten sowohl dem Deutschen Reich als auch Österreich-Ungarn den Krieg. Innerhalb weniger Wochen ist aus der Krise ein Großmächtekonflikt geworden. Und noch immer ist gerade den Deutschen die Tragweite der Entwicklung nicht bewusst. Der letzte große Krieg, der Deutsch-Französische Krieg, liegt über 40 Jahre zurück und ist in der Erinnerung zur heroischen Geburtsstunde des Kaiserreichs verklärt. Auch jetzt, so die Erwartung, geht es allenfalls um die Geschwindigkeit des Siegeszugs. An Weihnachten werden die Truppen wieder zu Hause erwartet.

So kann man sich auch in Cannstatt in diesen Tagen sicher noch nicht ausmalen, welche Ausmaße der Krieg annehmen wird – ein Krieg, dessen industrialisierte Vernichtungskraft eine ganze Generation junger Männer auf den Schlachtfeldern Europas zurücklassen wird. Doch auch bei *Dürr* wächst die Einsicht, dass man sich auf schwierige Zeiten einstellen muss. Und es bleibt erneut

den unternehmerischen Fähigkeiten von Paul Dürr überlassen, die richtigen Schritte zu ergreifen, um seinen Flaschnerbetrieb durch diese Krisenzeit zu manövrieren.

Firmengründer Paul Dürr, ca. 1920.

Zumindest die geschäftliche Ausgangslage ist vor Beginn des Kriegs noch gut: Anfang des Jahres 1914 gelingt es Paul Dürr, den Teilhaber und kaufmännischen Leiter der *Fortuna-Werke Maschinenfabrik*, Emil Lilienfein, als neuen Kunden zu gewinnen, woraufhin eine dauerhafte und ertragreiche Geschäftsbeziehung zu der ebenfalls in Cannstatt ansässigen Maschinenbaufirma entsteht. Doch schon bald überschatten die Kriegsereignisse alle weiteren Pläne: Die Euphorie der ersten Kriegstage verfliegt schnell und auch fernab der Front, in der schwäbischen Heimat, machen sich zunehmend Ernüchterung und Verzweiflung breit: Grund sind die Materialknappheit, der Mangel an Nahrungsmitteln und Rohstoffen sowie die vielen Toten und Verwundeten, deren Zahl Monat um Monat steigt. Am Cannstatter Wasen ist nichts mehr von Volksfesten zu sehen – er wird zum Truppensammelplatz umfunktioniert. Das Elend wird auch im Cannstatter Kursaal sichtbar, der mittlerweile als Lazarett dient. Verdun wird zum Symbol für die Sinnlosigkeit des Kriegs, der „Steckrübenwinter" 1916/1917 verdeutlicht die katastrophale Versorgungslage der Bevölkerung.

Drei Jahre nach Beginn des Kriegs nimmt die Materialknappheit in der Heimat immer dramatischere Formen an. Längst lässt die Reichsregierung sogar Statuen und Soldatenfiguren der Kriegspropaganda einschmelzen. Und auch der *Dürr*'sche Betrieb wird bei der Materialbeschaffung kreativ. Paul Dürr erwirbt von der *Zuckerfabrik Cannstatt* Tausende alte Zuckerhutformen aus Eisen und beginnt kurzerhand, daraus verschiedene Gegenstände für den Haushaltsbedarf zu produzieren – vorbei sind die Zeiten luxuriöser Schlossdächer oder kunstvoller Landschaftsbilder. Damit beginnt 1917 bei *Dürr* die Ära einer gesonderten, von der Bauflaschnerei unabhängigen Blechbearbeitung. Zu den neuen Produkten gehören unter anderem Eimer, Waschkessel, Gießkannen, Schaufeln, Kohlenfüller, Glühkästen und Geldschränke.

DAS ENDE DES ERSTEN WELTKRIEGS

Mit der Produktionsumstellung kann sich der Betrieb zwar über die existenzielle Not am Ende des Ersten Weltkriegs hinwegretten, doch eine längerfristige Stabilisierung ist nicht absehbar. Dafür bleibt die Lage zu ungewiss: Bereits vor dem Kriegsende 1918 zeichnet sich immer deutlicher ab, dass die deutsche Gesellschaft vor enormen Zukunftsfragen steht, deren Lösung noch völlig offen ist. Als das Deutsche Reich im November 1918 den Waffenstillstand unterzeichnet, befindet sich die alte politische Ordnung in völliger Auflösung: Der Kaiser flieht ins Exil und wird zur Abdankung gezwungen, noch am selben Tag, dem 9. November 1918, rufen Philipp Scheidemann (SPD) und Karl Liebknecht (USPD) unabhängig voneinander die Republik aus. Am gleichen Tag stürmen Revolutionäre auch das Stuttgarter Wilhelmspalais, König Wilhelm II. von Württemberg verlässt sein Schloss und legt Ende November seine Krone nieder.

So entstehen binnen weniger Tage ein völlig neues politisches System und ein neuer Staat. Doch dieser muss nicht nur innere Konflikte bewältigen: Der Versailler Vertrag, der allgemein als von den Siegermächten oktroyiert empfunden wird, sorgt für weitere Instabilität – sowohl in wirtschaftlicher als auch in politischer Hinsicht. Umsturz-

versuche, politisch motivierte Attentate und die weitverbreitete Ablehnung der „alleinigen Kriegsschuld" – ein besonders verhasster Passus aus dem Friedensvertrag – vergiften die Atmosphäre in der jungen Weimarer Republik, die seit ihrer Gründung von radikalen Kräften bekämpft wird. Die Bevölkerung leidet unter der schlechten Versorgungslage und dem wirtschaftlichen Niedergang durch hohe Reparationszahlungen. Rund 1,5 Millionen „Kriegsbeschädigte" kehren zum Teil schwer entstellt, in jedem Fall aber traumatisiert zurück in ihre Heimat und müssen wieder in das zivile Leben eingegliedert werden, was sich oft als kaum möglich herausstellt – zumal die dafür zur Verfügung stehenden finanziellen Mittel des Staates zu eingeschränkt sind. Und in den rasant steigenden Preisen zeichnet sich bereits eine Entwertung der deutschen Währung ab, die später in der Hyperinflation gipfelt.[16] Mit anderen Worten: Eine Krise jagt die nächste. Paul Dürr muss weiter um das Überleben seines Betriebs kämpfen.

UNRUHEN, INFLATION UND DER UNTERNEHMERISCHE NEUBEGINN IN DEN „GOLDENEN ZWANZIGERN"

1919
–
1932

Billiger als Tapete:
Eine-Mark-Scheine zur Zeit
der Hyperinflation.

Paul Dürr hat 1919 seinen Betrieb durch die Wirren der Kriegsjahre gerettet. Doch die Herausforderungen, die nun noch auf ihn zukommen, kann er kaum absehen. Denn die Krise der neu gegründeten deutschen Republik nach dem Ersten Weltkrieg ist nicht nur eine politisch-moralische, sondern auch eine wirtschaftliche. Das Kaiserreich hatte den langjährigen Krieg nur durch die massenhafte Ausgabe von Kriegsanleihen finanzieren können. Dabei spekulierte man auf den eigenen Sieg: Reparationszahlungen der bezwungenen Kriegsgegner sollten zur Begleichung der Schulden genutzt werden. Doch der Krieg geht verloren, die fest eingeplanten Einnahmen durch Entschädigungszahlungen fallen aus. Schlimmer noch: Nun sind es die Deutschen selbst, die hohe Reparationen an die Siegermächte Frankreich und Großbritannien entrichten müssen. Damit steht der deutsche Staat nach Ende des Kriegs vor einem exorbitanten Schuldenberg im In- und Ausland, und für die Tilgung fehlen ihm die nötigen Zahlungsmittel. Eines der entscheidenden Probleme der wechselnden Regierungen, die unter dem Reichspräsidenten Friedrich Ebert (SPD) die Geschicke der jungen und fragilen Demokratie leiten, ist von Anfang an die umstrittene, politisch hart umkämpfte Reparationsfrage.[17]

DIE ANDERE SEITE DES ARBEITSALLTAGS

Paul Dürr ist zweifellos ein fürsorglicher Chef, der sich um seine Mannschaft kümmert, doch Teams mit gleichberechtigten Mitarbeitern und flache Hierarchien gibt es zu dieser Zeit noch nicht. Die Gesellschaft und das Arbeiten sind autoritär geprägt. Das zeigt auch eine Episode aus dem *Dürr*'schen Arbeitsalltag.

Emil Bauer ist in den 1920ern bei Paul Dürr beschäftigt und erlebt als Lehrling den Gründer von seiner impulsiven, „handfesten" Seite – woran er sich noch Jahrzehnte später erinnert: „Einmal sagte er zu mir, ich soll die Türe ölen. Das war die Tür zwischen Büro und Werkstatt, die hat gequietscht. Da sagte er zu mir: ,Geh rein und hol eine Ölkanne!' Ich habe die Ölkanne geholt, aber das Öl war kalt. Da sagte er: ,Geh rein und wärm das Öl an!' Ich bin reingegangen und hab das Öl angewärmt und habe es immer feste angewärmt und feste gewärmt und bin dann wieder rausgegangen, habe es ihm in die Hand gegeben und da lässt er es fallen und verbrannte sich die ganze Hand – und da hat er mir natürlich eine runtergehauen."[18]

Für Bauer ist Dürrs Reaktion „natürlich" – denn er und Paul Dürr entstammen der wilhelminischen Gesellschaft: Strikte Hierarchien prägen das Leben und werden schon in der Schule mit Prügelstrafen klar durchgesetzt. Die Grausamkeiten des Ersten Weltkriegs haben zu einer zusätzlichen Verrohung innerhalb der deutschen Gesellschaft beigetragen. Somit ist die handfeste Disziplinierung absolut zeittypisch – aber bei Weitem nicht der einzige deutliche Unterschied zur heutigen Arbeitswelt: Aus moderner Perspektive ist es ebenso schwer vorstellbar, dass Emil Bauer zusammen mit seinen Arbeitskollegen morgens über eine Stunde zu Fuß vom Cannstatter Betrieb zu den Arbeitsstätten in der Stuttgarter Innenstadt gehen muss und dabei sein Arbeitsmaterial in einem Handwagen hinter sich herzieht – während zwei ältere Flaschner unterwegs Most (Obstwein) trinken.

WEIMARER REPUBLIK UND HYPERINFLATION

Wenigstens an klugen Köpfen fehlt es der Weimarer Republik nicht: Walther Rathenau etwa wird vom Reichskanzler Joseph Wirth zunächst zum Wiederaufbauminister und dann zum Außenminister ernannt. Mit viel Verhandlungsgeschick wirbt Rathenau, der auch im Ausland geachtet wird, bei den Siegermächten für eine Verringerung der Kriegsschulden. Doch noch bevor ihm der Durchbruch gelingen kann, wird sein Wirken jäh unterbrochen: An einem Sommermorgen des Jahres 1922 wird Rathenau, der sich schon seit vielen Jahren als Jude starken Anfeindungen ausgesetzt sieht, auf dem Weg ins Auswärtige Amt von reaktionären, antisemitischen Attentätern ermordet.

So kommt die junge Republik nicht zur Ruhe – auf Rathenaus Nachfolger warten noch weitere Herausforderungen: Als Deutschland wiederholt Reparationen nicht zahlen kann, besetzen Anfang 1923 französische und belgische Truppen Teile des Ruhrgebiets. Der Aufschrei in der Bevölkerung ist groß. Die Reichsregierung ruft zum passiven Widerstand auf und wirft die Notenpresse an, um die Streikenden finanziell zu unterstützen, statt mit den Siegermächten über neue Konditionen zu verhandeln, die eine Stabilisierung der wirtschaftlichen Lage ermöglichen würden. Der Druck der Papiergeldflut entwertet die seit dem Krieg ohnehin schon instabile Mark noch mehr und führt zur Hyperinflation: Ersparnisse werden vernichtet, die Preisspirale dreht sich immer schneller, die Reallöhne fallen ins Bodenlose, die Arbeitslosigkeit wächst weiter. Zum Höhepunkt der Hyperinflation im November 1923 liegt der Umrechnungskurs für einen US-Dollar bei 4,2 Billionen Mark. Die Situation wird schließlich unhaltbar: Die Regierung beendet den „Ruhrkampf" und leitet Schritte ein, um die Währung zu stabilisieren. Am 15. November 1923 wird die Mark zunächst durch die Rentenmark ersetzt. Im August 1924 folgt die Währungsumstellung auf die Reichsmark – zeitgleich mit dem Dawes-Plan, der endlich die deutschen Reparationszahlungen neu regelt und sie an die jeweiligen wirtschaftlichen Verhältnisse im Land anpasst.

Paul Dürrs Zeugnis
der Gesellenprüfung.

DER BETRIEB IN
DEN KRISENJAHREN

Die Folgen der extremen Geldentwertung bekommt man auch im Großraum Stuttgart zu spüren. Aufträge, die Anfang der 1920er-Jahre bei *Dürr* eingehen, erfordern neue Investitionen. Die dadurch entstehenden Ausgaben sind hoch, und bis die ersten Aufträge erledigt sind, ist der erwartete Umsatz längst durch die weiterhin rasant steigenden Preise entwertet worden. In dieser schwierigen Lage helfen dem angeschlagenen Betrieb erneut Einfallsreichtum und Weitsicht wieder auf die Beine: Nachdem Paul Dürr und seine Mitarbeiter bereits während der Kriegszeit nützliche Erfahrungen mit der Blechbearbeitung sammeln konnten, prüft man jetzt, auf welche Weise und in welchen Bereichen man das traditionelle Gusseisen durch Schweißkonstruktionen aus Stahlblech ersetzen kann. Im Gegensatz zu den Flaschnerarbeiten kann der *Dürr*'sche Betrieb mit der Fertigung von Blecherzeugnissen ganzjährig Umsatz machen, denn das dünn ausgewalzte Metall lässt sich in der Werkstatt und damit wetterunabhängig bearbeiten, was die Beschäftigung der Belegschaft ganzjährig absichert.[19] Paul Dürr lernt also aus der Krise und passt sich den Gegebenheiten an.

OTTO DÜRR

Mit gerade einmal 19 Jahren tritt Otto Dürr 1923 in das väterliche Unternehmen ein. Zuvor hatte er die Oberrealschule in Cannstatt und im Anschluss die Handelsschule in Calw besucht. Paul Dürr vermittelt ihm einen Ausbildungsplatz bei einem Bekannten in einer Klempnerei in Heilbronn. Nach der Gesellenprüfung tritt er in den väterlichen Betrieb ein, um dort seine Kenntnisse zu erweitern. Mit 25 Jahren legt er seine Meisterprüfung ab. Eine seiner liebsten Freizeitbeschäftigungen ist der Rudersport. In den 1920er-Jahren ist er selbst aktiver Rennruderer, noch in den 1950ern engagiert er sich als Vorsitzender des Cannstatter Ruderklubs.

Die Leidenschaft des Firmenchefs:
Otto Dürr (Mitte) bei einer Ruderregatta.

DER EINTRITT OTTO DÜRRS IN DEN VÄTERLICHEN BETRIEB

Im Oktober 1923, mitten in der Hochphase der Hyperinflation, tritt Otto Dürr in den väterlichen Betrieb ein, nachdem er die höhere Schule und danach seine Lehre als Flaschner in Heilbronn erfolgreich abgeschlossen hat. Der Zeitpunkt seines Einstieges ist also nicht unbedingt glücklich: Junge Führungskräfte agieren in diesen Tagen oft zurückhaltend und zögerlich – zu sehr ist die neue Generation geprägt von den Erfahrungen der Kriegs- und Krisenjahre – und stehen dadurch im Kontrast zu den optimistischen, anpackenden Gründerfiguren der Hochindustrialisierung.

Doch bei *Dürr* ist ein solcher Kontrast nicht zu spüren, was mit Otto Dürrs Persönlichkeit zusammenhängt. Er hat nicht nur die kräftige Statur seines Vaters geerbt, sondern auch dessen ruhige Unerschütterlichkeit. Auch sonst ist er im Hinblick auf die Mentalität dem Vater nicht unähnlich: Beide sind zuversichtliche, tatkräftige und findige Menschen. Mit dem Eintritt des Gründersohns in die Geschäftsführung entsteht bei *Dürr* also eine neue Aufbruchstimmung – nicht zuletzt auch, weil im November 1923 die Hyperinflation endlich endet und sich die wirtschaftliche Lage langsam entspannt.

Stolze Mitarbeiter neben dem ersten Firmenwagen.
Der junge Otto Dürr im Betrieb, 1925. (rechte Seite)

Die Aufbruchstimmung nach der Hyperinflation – der eigentliche Anbeginn der „Goldenen Zwanziger Jahre" – spiegelt sich auch bei *Dürr* wider. Vater und Sohn investieren unmittelbar wieder in moderne Gerätschaften und Sachwerte, von denen auch die Mitarbeiter profitieren. In dieser Zeit wird der erste Firmenwagen angeschafft: ein „Adler", der nicht nur als Fahrzeug des Chefs dient, sondern in dem auch den Mitarbeitern das Autofahren beigebracht wird. Noch ist es zwar einer wohlhabenden Schicht vorbehalten. Doch die Möglichkeiten, Mitarbeiter und Material schneller und günstiger zu ihren Arbeitsstätten im Raum Stuttgart transportieren zu können, sind verlockend. Otto und Paul Dürr sind beide darum bemüht, die Vorteile des technischen Fortschritts für ihren Betrieb nutzbar zu machen und ihre Mitarbeiter dabei miteinzubeziehen. Und die motorisierte Mobilität steht auf der *Dürr*'schen Prioritätenliste weit oben.[20]

KOOPERATION MIT DER AUTOMOBILINDUSTRIE

Aber auch in anderer Weise haben Kraftfahrzeuge eine besondere Bedeutung für *Dürr*. Der neue geschäftliche Schwerpunkt der Blechbearbeitung kommt der industriellen Entwicklung im Stuttgarter Raum entgegen, die im weiteren Verlauf der 1920er-Jahre an Fahrt aufnimmt: Aufgrund einer steigenden Nachfrage, auch aus dem Ausland, wächst die schwäbische Automobil- und Werkzeugmaschinenindustrie. Blech als Vorprodukt für Kraftfahrzeuge und Maschinen wird in großen Mengen benötigt. So bietet sich die Chance, die Firma als wichtigen Zulieferbetrieb insbesondere für die Automobilindustrie zu etablieren. Hier geht Otto Dürr, der den älter werdenden Vater nun immer häufiger vertritt, erstmals entschlossen voran und beweist seine Führungsqualitäten.

Noch in den ersten Jahren nach dem Weltkrieg war die private Nutzung von Pkws verboten, um Treibstoff und Gummi zu sparen und die Auflagen des Versailler Vertrags zu erfüllen. Erst mit Währungsreform und Dawes-Plan 1924 bekommt die Wirtschaft wieder neue Impulse und auch die Nachfrage nach Automobilen steigt in Deutschland stark an. *Dürr* profitiert vom neuen Boom. Dabei ist das Wachstumspotenzial in der Weimarer Republik immens: 1920 kommt statistisch ein Pkw auf 1.500 Einwohner – ein Stand, den man in Frankreich und Großbritannien bereits 1906/1907 erreicht hatte. Umso rasanter wird nun nachgeholt: Bis 1924 verdreifacht sich die Zahl der Automobilfabriken in Deutschland (in Relation zum Vorkriegsstand). Und insbesondere Württemberg entwickelt sich zu einem Zentrum dieser wachsenden Branche.[21]

DER JUNIOR WIRD ZUR TREIBENDEN KRAFT

Der junge Otto Dürr wächst also in ein Unternehmen hinein, das seine Produkte längst an den Bedarf besonders zukunftsfähiger Branchen anpasst. Ernsthaftere Differenzen zwischen den Generationen gibt es bei der Familie Dürr weder privat noch geschäftlich – es besteht fast immer Einvernehmen.

Auch der Senior beweist das nötige Fingerspitzengefühl: Er lässt seinem Sohn erhebliche Spielräume, was für dessen unternehmerische Entwicklung förderlich ist. Otto Dürr versteht sich ohnehin weniger als Verwalter des Betriebs und mehr als Gestalter, der agil und durchaus visionär vorangeht. Er scheut sich auch in den unsicheren Zwischenkriegsjahren nicht, größere Investitionen in die Wege zu leiten. 1925 schafft er die ersten leistungsfähigeren, motorbetriebenen Maschinen an, damit auch stärkere Bleche bearbeitet werden können. Für die Stahlblechproduktion gibt er in dieser Zeit eine neue Maxime aus: minimales Gewicht bei maximaler Stabilität. Ähnlich wie für seinen Vater stellt für Otto Dürr eine Krise noch lange kein Hindernis für Investitionen oder Innovation dar.

Und noch ein weiteres Merkmal des jungen Unternehmens *Dürr* überträgt sich von Paul auf Otto Dürr: Sofern es Herausforderungen gibt, packt der Chef diese gemeinsam mit seinen mittlerweile knapp 30 Mitarbeitern an und entwickelt eine Lösung. So erreichen die mit den neuen Maschinen gefertigten geschweißten Konstruktionen aus Blech noch nicht die Schwingungsfreiheit des Gusseisens. Deshalb tüftelt der Juniorchef zusammen mit seinen Mitarbeitern eine neue Technik aus, wie durch Zuschneiden, Aushauen,[22] Biegen und Schweißen ein leichter, robuster und schließlich auch relativ schwingungsfreier Ersatz für die schweren und teuren Gusseisenteile

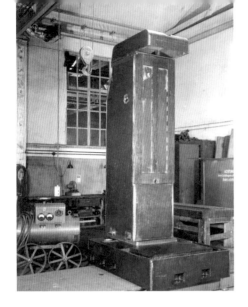

MESSEBESUCH UND NEUE IDEEN ZUR BLECHBEARBEITUNG

hergestellt werden kann. Das Ergebnis ist ein bahnbrechender Erfolg für die Firma *Dürr*, der mit der sogenannten Zellenbauweise eine Innovation auf dem Gebiet der Produktionstechnik gelingt. Die erreichten Gewichtseinsparungen erleichtern dabei nicht nur den Umgang mit den fertigen Bauteilen, sondern führen auch zu wesentlich geringeren Transport- und Zollkosten. Außerdem ermöglicht das neue Verfahren eine moderne Formgebung bei vergleichsweise geringem Aufwand. Otto Dürr ist damit aus heutiger Perspektive einer der Pioniere des Leichtbaus in Deutschland.[23]

Dass *Dürr* schließlich immer stärker in der Blechverarbeitung aktiv wird, ist kein Zufall: „Früher waren ja die Winter viel härter als heute, und unsere Flaschner konnten oft Monate nicht hinaus auf die Baustellen. Deshalb suchte ich verstärkt nach Artikeln aus Blech für die Industrie, die in der Werkstatt gefertigt werden konnten", erinnert sich Otto Dürr später. Doch um sich eben jene Inspiration für die neuen Artikel aus Blech zu holen, muss Otto Dürr sich aus dem vertrauten Schwabenland hinauswagen.

„Mir fielen die Werkzeugmaschinen und besonders Drehbänke auf, und dass hier viele Teile aus Guss waren, die man viel leichter und billiger aus Blech herstellen konnte."

Deutschland ist Messeland – das war bereits vor 100 Jahren so. Die größte Messe mit 17 Hallen und einer Gesamtausstellungsfläche von 130.000 Quadratmetern ist in den 1920ern in Leipzig. Sie trägt schon damals den Titel „Weltmesse" – und auch einen

Maschinenständer, ca. 1930. (oben)
Herstellung von Ölfangschalen, ca. 1930.

Blick auf die Leipziger Messe, um 1930.

Bauflaschner aus dem Schwabenland verschlägt es 1928 nach Leipzig. Mit immerhin 65 Reichsmark (heute ca. 260 Euro) reisen Otto Dürr und ein Freund in die Messestadt. Der 24-jährige Dürr ist beeindruckt von der Weltmesse, doch er hat einen klaren Plan und sein geschultes Auge wird im Labyrinth der weltweiten Aussteller bald fündig: „Mir fielen die Werkzeugmaschinen und besonders Drehbänke auf, und dass hier viele Teile aus Guss waren, die man viel leichter und billiger aus Blech herstellen konnte. Zum Beispiel Ölfangschalen oder Schutzhauben. Gießen kann man ja […] nur mit Wandstärken größer als 10 mm, aus Blech konnte ich da auf 2 mm gehen"[24], so Otto Dürr. Er realisiert, dass die von ihm neu entwickelten Produkte locker mit denen auf der Weltmesse mithalten können.

Voller Energie kehrt Otto Dürr wieder nach Hause zurück. Die kleinteiligeren Blecharbeiten möchte er zu einer eigenen Abteilung ausbauen. So entsteht die Blechschlosserei als neuer Betriebszweig. Schnell erarbeitet sich das Cannstatter Unternehmen auch auf diesem neuen Gebiet einen hervorragenden Ruf und liefert verschiedene qualitativ hochwertige Blecherzeugnisse wie Maschinenständer und Ölfangschalen an Kunden aus der Werkzeugmaschinen- und Automobilindustrie. Während die Bauflaschner bei *Dürr* weiterhin althergebrachte Handwerksarbeit leisten, setzt man in der Blechbearbeitung immer mehr auf Maschinentechnologie und nähert sich durch fortschrittliche Arbeitsteilung der industriellen Fertigung an. Bald stellt die Belegschaft auch schwere, geschweißte Maschinenkörper und Stahlkonstruktionen her.

DIE „GOLDENEN ZWANZIGER"

1924 beginnt sich die wirtschaftliche und gesellschaftliche Situation auch in Deutschland vorläufig zu entspannen – die eigentlichen „Goldenen Zwanziger" brechen an. Kulturell und wissenschaftlich erlebt Deutschland eine neue Blüte: Ein Drittel aller Nobelpreise geht zu dieser Zeit an deutsche Wissenschaftler, die Weimarer Kunst- und Architekturschule Bauhaus erreicht internationale Bekanntheit und auf der Berliner Funkausstellung 1928 präsentiert die Firma *Telefunken* einem staunenden Publikum die ersten öffentlichen Fernsehbilder. Nicht nur im Automobilsektor genießen deutsche Fabrikate weltweit einen hervorragenden Ruf, was vor allem auf ihre hohen Technik- und Qualitätsmaßstäbe zurückzuführen ist.[25]

Dürr ist als Unternehmen bei diesem Aufschwung mittendrin. Und für Otto Dürr bleibt diese Zeit auch privat lange in Erinnerung: Im November 1928 heiratet er Barbara Riedl, genannt Betty. Noch im selben Jahr tritt sie in den Familienbetrieb ein – und

wird dort über vier Jahrzehnte mit ihrem Mann zusammenarbeiten. Bei der Belegschaft ist sie bald als „erster Kaufmann" der Firma bekannt und genießt aufgrund ihrer Kompetenz für alle kaufmännischen Tätigkeiten großen Respekt. Otto findet in seiner Frau einen ruhenden Pol, denn ihre stets ausgeglichene und ausgleichende Art ist eine gute Ergänzung zu dem eher rastlos-dynamischen Wesen ihres Mannes.

Betty Dürr übernimmt die vielfältigen Aufgaben, mit denen sie sich als Gattin des Juniorchefs auseinandersetzen muss, mit leidenschaftlichem Engagement, denn sie zählt zu den Menschen, „[...] die dem Betrieb zu innerst verbunden sind, die sich nicht als Gehalts- oder Lohnempfänger, sondern als

Betty und Otto Dürr um 1930.

mitverantwortlich fühlen", wie Zeitzeugen rückblickend hervorheben werden.[26] Im Gegensatz zu ihrer Schwiegermutter, Luise Dürr, kann Betty eine deutlich aktivere Rolle im Unternehmen einnehmen: Die Umwälzungen des Ersten Weltkriegs haben Frauen auch in Industrie- und Handwerksbetrieben mehr Türen geöffnet. So ist Betty Dürrs tatkräftige Mitwirkung im Unternehmen ein weiteres Zeichen für eine zentrale Eigenschaft bei *Dürr*: den Willen, Veränderungen – ob sie nun technologischer oder gesellschaftlicher Natur sind – anzunehmen und sie mitzugestalten.

BÖRSENCRASH UND WELTWIRTSCHAFTSKRISE

Der wirtschaftliche Aufschwung der „Goldenen Zwanziger" ist allerdings nicht von langer Dauer. Der Börsencrash von 1929, ausgehend von der Wall Street in New York, lässt die weltweite Konjunktur abstürzen. Die deutsche Wirtschaft ist besonders abhängig von amerikanischen Krediten und wird umso härter getroffen, als die ausländischen Anleger nun ihr Geld abziehen. In Deutschland spitzt sich die Krise im Juli 1931 dramatisch zu, nachdem die DANAT-Bank (Darmstädter und Nationalbank) Konkurs anmeldet. Es kommt zum Run auf die Bankenschalter, wütende Menschen fordern ihr Erspartes zurück, sodass

die Reichsregierung kurzerhand sogenannte „Bankfeiertage" anordnet, um die Banken zu entlasten. Die Reichsregierung selbst verfolgt gleichzeitig eine strikte Deflationspolitik: Preise und Löhne werden staatlich gesenkt, um deutsche Produkte auf dem Weltmarkt attraktiv zu machen. Doch die erhoffte wirtschaftliche Erholung bleibt aus – Arbeitslosigkeit und Verarmung steigen in bis dato ungekannte Höhen. Die Arbeitslosenquote klettert bis Februar 1932 auf knapp 30 Prozent. Das Vertrauen in die Regierung, den Parlamentarismus und die junge Republik sind schwer erschüttert.

Mitten in der Weltwirtschaftskrise übernimmt Otto Dürr die Geschäftsführung und wird 1932 Alleininhaber der Firma. Wie er sich später erinnert, war er als Geschäftsführer von Anfang an auch Krisenmanager: „Als ich 1932 den väterlichen Betrieb übernahm, war ein kritischer Tiefpunkt im Existenzkampf des Handwerks erreicht. Meiner Mutter hatte ich das Versprechen gegeben, mich ausschließlich um den Betrieb zu kümmern. Mit ganz geringen finanziellen Mitteln und einer pachtweisen Übernahme einiger Gebäude und Maschinen fing ich wieder ganz von vorn an."[27]

Die Belegschaft ist in der Wirtschaftskrise von 40 auf nur noch 7 Mitarbeiter zusammengeschrumpft. Wie ernst die Lage für den Betrieb im Jahr des familiären Führungswechsels wirklich ist, wird anhand eines Vergleichsverfahrens deutlich, das „[...] über das Vermögen des Paul Dürr,

Inh. einer Bauflaschnerei in Cannstatt [...] am 9. September 1932 [...] zur Abwendung des Konkurses eröffnet wird, da der Schuldner zahlungsunfähig ist und einen den gesetzl. Bestimmungen entsprechenden Vergleichsvorschlag eingereicht hat".[28] Zuvor hat man Paul Dürrs Betrieb sogar aus dem Handelsregister gestrichen, da der Geschäftsumfang zu stark herabgesunken ist. „Firma erloschen. Auf Eintragungsnachricht wird verzichtet",[29] heißt es in einem offiziellen Dokument vom 16. August 1932. Immerhin gelingt es Paul Dürr zum zweiten Mal in der Geschichte des Unternehmens, eine Insolvenz abzuwenden: „Das Vergleichsverfahren über das Vermögen des Paul Dürr, Flaschnermeister in Cannstatt, Olgastraße 4, wurde durch Beschluss vom 5. Oktober 1932 nach Bestätigung des angenommenen Vergleichs aufgehoben."[30]

So ist die Firma zwar gerettet, doch die Krise hat auch persönliche Opfer gefordert:

Die geliebte und wertvolle Briefmarkensammlung des Gründers musste verkauft werden, um die Familie über Wasser zu halten.[31] Die Gesamtsituation bleibt nach wie vor schwierig. Denn während zahlreiche Unternehmen im gesamten Land um ihre Existenz kämpfen, fehlt es den politischen Kräften der Weimarer Republik an vergleichbarer Entschlossenheit. Die kaum legitimierten Regierungen unter Brüning, Papen und Schleicher finden auf Massenarbeitslosigkeit und Wirtschaftskrise keine Antwort – und begünstigen so den Aufstieg der Nationalsozialisten. Seit den Reichstagswahlen im Juli 1932 ist die Nationalsozialistische Deutsche Arbeiterpartei (NSDAP) die mit Abstand stärkste politische Kraft. Im Januar 1933 wird Adolf Hitler zum Reichskanzler ernannt. 1933 wird weltpolitisch zum Schicksalsjahr – und auch für das Leben von Otto Dürr entscheidende Veränderungen bringen.

In der Wirtschaftskrise nimmt die politische Polarisierung zu. NSDAP und KPD gewinnen Wählerstimmen.

OTTO DÜRR UND DAS FAMILIENUNTERNEHMEN UNTERM HAKENKREUZ: NATIONALSOZIALISMUS UND ZWEITER WELTKRIEG

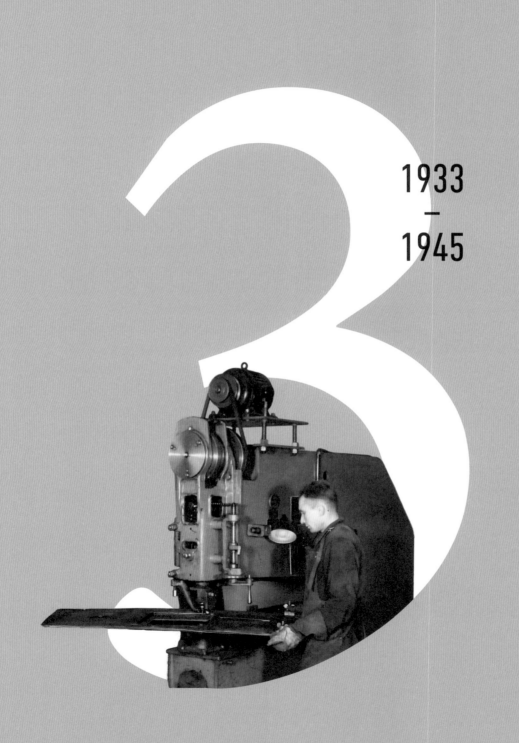

3

1933
–
1945

Der erste Betriebsausflug, 1936.

Im Sommer 1936 findet der erste Betriebsausflug in der *Dürr*-Geschichte statt. Von diesem Tag im malerischen Rüdesheim gibt es ein Foto, das strahlende Mitarbeiter zeigt: Vor dem „Rheingauer Hof" posiert die *Dürr*-Mannschaft und lacht in die Kamera. Die Stimmung ist ausgelassen – und die Rechnung für den Ausflug übernimmt die Firma.

Überhaupt fehlt es den Mitarbeitern in diesen Tagen an nichts. Es gibt eine Betriebssportgemeinschaft, einen Kegeltreff, regelmäßige Sportveranstaltungen, Singabende, eine Bücherei und moderne Umkleide- und Gemeinschaftsräume für die knapp 30 Arbeiter. Selbst zwei Köchinnen sind bei *Dürr* angestellt, die jeden Mittag für die Verpflegung der Belegschaft sorgen. Der Firmenchef hat die beiden nach einem Probekochen persönlich eingestellt, da sie das „Spätzleschaben" am besten beherrschen, worauf der waschechte Schwabe Otto Dürr großen Wert legt.

Kaum drei Jahre nachdem das Unternehmen kurz vor dem Konkurs stand und nur noch sieben Mitarbeiter beschäftigte, hat sich das Blatt also völlig gewendet. Das Geschäft läuft, die Mitarbeiterzahl hat sich vervierfacht und die *Dürr*-Mannschaft hat sich zu einer eingeschworenen Truppe entwickelt. Doch hinter der Trendwende steht keine unbeschwerte Erfolgsstory. Es ist nur eine Momentaufnahme vor dem Hintergrund der Machtergreifung der Nationalsozialisten und der damit verbundenen gewaltigen Umwälzungen in Staat, Wirtschaft und Gesellschaft.

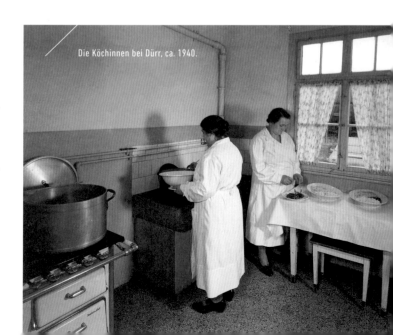

Die Köchinnen bei Dürr, ca. 1940.

ZUR ERFORSCHUNG VON UNTERNEHMENSGESCHICHTE IN DER NS-ZEIT

Die Zeit des Nationalsozialismus (1933–1945) markiert eine Zäsur in der deutschen Geschichte. Die Verbrechen sind ohne Beispiel: Die rassistische Ideologie des Regimes wird im NS-Staat bis zur letzten Konsequenz umgesetzt. Sie funktioniert in einem effizienten und arbeitsteiligen Prozess, bei dem kaum ein Bereich der Gesellschaft unberührt bleibt und der den Unterschied zwischen Täter und Mitwisser verschwimmen lässt. Aussagen wie „Davon haben wir nichts gewusst" oder „Ich habe nur Befehle ausgeführt" sind die wieder-kehrenden Rechtfertigungen von Millionen Deutschen nach dem Krieg, wenn sie mit den Verbrechen des NS-Regimes und Fragen nach ihrer eigenen Verantwortung konfrontiert werden. Die totalitäre Politik der National-sozialisten beschränkt sich nicht auf staatliches Handeln, sondern greift tief in das Leben der Bürger ein. Auch das wirtschaftliche Leben gerät unter die Kontrolle der NS-Bürokratie.

Dennoch existieren für (nichtjüdische) Unternehmer – wie auch für die restliche Bevölkerung – Spielräume, die von innerer Distanz zum Regime bis zu offenem Wider-stand reichen können. Eine umfassende Untersuchung der NS-Vergangenheit eines Unternehmens muss bemüht sein, die konkreten Möglichkeiten der Akteure und das Ausmaß ihrer Verstrickung in die NS-Ideologie und die NS-Verbrechen zu beleuchten. Nur so entsteht ein vollständiges Bild, das weder pauschale Verurteilungen enthält noch rechtfertigende Argumentationsmuster bedient.

Bei der Betrachtung empfiehlt es sich, vier Kategorien besonders zu beachten: die **Gesinnung** von Entschei-dungsträgern und im Betrieb (also die ideologische Nähe zum Nationalsozialismus), die Frage nach **Arisierungen**, das Ausmaß der Beteiligung an der **NS-Kriegswirtschaft** sowie Umfang und Umstände des Einsatzes von **Zwangs-arbeitern**. Diese Kategorien decken zwar nicht alle Aspekte des unternehmerischen Handelns im National-sozialismus ab, erlauben aber eine Bewertung der Ver-strickung von Unternehmen in das NS-System. Für kleine Betriebe wie *Dürr* mit in der Spitze etwa 80 Mitarbeitern sind die unternehmerischen Handlungsspielräume stark

eingeschränkt; Abhängigkeiten von Lieferketten und Rohstoffzuteilungen durch die NS-Wirtschaftskontrolle bestimmen den Alltag. Doch auch solche Unternehmen tragen ihren Teil zu den wirtschaftlichen Anstrengungen der Kriegsjahre bei. Die folgende Analyse unternimmt daher den Versuch, neben den unternehmerischen Ent-scheidungen insbesondere die Gesinnung der handeln-den Personen bei *Dürr* näher zu beleuchten.

Die Auseinandersetzung mit der NS-Vergangenheit ist für viele Unternehmen ein schwieriger Prozess. Per-sonelle Kontinuitäten der Nachkriegszeit behindern für Jahrzehnte eine ernsthafte Aufarbeitung, und auch nach dem Ausscheiden der betroffenen Akteure bestehen in vielen Firmen lange Zeit Vorbehalte: Die Sorge vor Imageschäden oder möglicherweise aufkommenden finanziellen Forderungen hemmt den offenen Umgang mit der eigenen Vergangenheit.

Erst vor rund 20 bis 30 Jahren setzt ein Bewusstseins-wandel ein. 1998 reichen Opferverbände in den USA eine Sammelklage gegen mehrere deutsche Unternehmen ein, die von der nationalsozialistischen Zwangsarbeit profitiert haben. Mit der Einrichtung des Entschädigungsfonds für Zwangsarbeit „Erinnerung, Verantwortung und Zukunft" wird 1999 ein Kompromiss gefunden und den noch leben-den Opfern eine späte „Wiedergutmachung" zuteil. Erst-mals befassen sich nun viele Firmen intensiver mit ihrer NS-Vergangenheit und beauftragen Historiker mit der Aufarbeitung.[32] Während damals vor allem namhafte Unternehmen ihre NS-Vergangenheit untersuchen ließen, so sind es heute auch viele Mittelständler. Neue An-sprüche an Corporate Ethics und Transparenz haben eine Epoche eingeläutet, in der Konzerne wie *Continental* oder die *Deutsche Bank* und auch Familienunternehmen wie *Seidensticker* oder *Sartorius* in der Aufarbeitung ihrer Geschichte auch die NS-Jahre aktiv beleuchten.[33] Mit dem Blick in die Archive und Erinnerungen von Unter-nehmen und den daraus entstandenen Erkenntnissen über ihre Einbindung in die nationalsozialistische Aufrüstungs- und Kriegswirtschaft schließt sich eine wichtige Lücke im Verständnis des NS-Regimes und seines Funktionierens im alltäglichen Wirtschaftsleben.

Reichstagsbrand 1933.

DEUTSCHLAND WIRD GLEICHGESCHALTET

Am 30. Januar 1933 wird Adolf Hitler zum Reichskanzler ernannt. National-konservative Politiker der Weimarer Republik – allen voran Franz von Papen und Alfred Hugenberg – erhoffen sich eine Stabilisierung der politischen Lage durch eine Regierung des rechten Lagers unter Beteiligung der Nationalsozialistischen Deutschen Arbeiterpartei (NSDAP). Sie sehen die neu installierte Regierung vor allem als Mittel, ihre eigenen Machtpläne weiter zu verfolgen – doch sie alle unterschätzen den radikalen Umbruch, den Hitler in den nächsten Tagen und Wochen einleiten wird und der das Ende der ersten deutschen Demokratie bedeutet.

Denn innerhalb kürzester Zeit formen die Nationalsozialisten das Land radikal um. Einen willkommenen Anlass finden sie dabei im Reichstagsbrand vom 27./28. Februar 1933, für den ein holländischer Anarchist und Kommunist verurteilt wird. Schon am Tag nach dem Brand wird die Notverordnung „Zum Schutz von Volk und Staat" erlassen, mit der die Grundrechte der Weimarer Verfassung de facto außer Kraft gesetzt werden und der Weg frei für eine legalisierte Verfolgung politischer Gegner der NSDAP ist. Mit dem Ermächtigungsgesetz vom 24. März 1933 wird die Gewaltenteilung endgültig aufgehoben – die nationalsozialistische Diktatur ist damit gefestigt und Gesetze erlässt Adolf Hitler nun direkt.

So ordnet bald eine ganze Gesetzesflut das Land gemäß der nationalsozialistischen Weltanschauung und Rassenideologie neu. Mit dem „Gesetz zur Wiederherstellung des Berufsbeamtentums" vom April 1933 werden zahlreiche jüdische Beamte und politisch „unliebsame Personen" aus dem Staatsdienst entfernt. Die Nürnberger Gesetze von 1935 geben der antisemitischen und rassistischen Ideologie der Nationalsozialisten eine juristische Grundlage. Und mit der Geheimen Staatspolizei (Gestapo) schaffen die Nationalsozialisten eine mächtige Behörde, die politische Gegner und Andersdenkende bespitzelt, überwacht und sie durch Verhaftungen systematisch bedroht. Bereits 1933 werden allein 80 Konzentrationslager errichtet, darunter Dachau, Buchenwald, Sachsenhausen, Flossenbürg und Neuengamme, um nur einige zu nennen.

Nach der „Machtergreifung":
Reichspräsident Hindenburg und
der neue Reichskanzler Adolf Hitler
am „Tag von Potsdam", 21. März 1933.

OTTO DÜRR WIRD MITGLIED DER NSDAP

Für *Dürr* sind Anfang des Jahres 1933 die Folgen der Weltwirtschaftskrise noch allgegenwärtig. Mit nur sieben Mitarbeitern schlägt Otto Dürr sich gerade so durch – und ein weiteres Andauern der Krise hätte wohl das Aus für die Firma bedeutet. Otto Dürr setzt also große Hoffnungen auf den wirtschaftlichen Aufschwung, der von den neuen Machthabern in Berlin versprochen wird. Noch im März 1933 tritt er in die NSDAP ein.

Er ist damit Teil einer ganzen Welle von NSDAP-Neumitgliedern: Zwischen Hitlers Ernennung zum Reichskanzler am 30. Januar und den Reichstagswahlen im März 1933 werden Hunderttausende Anträge zur Aufnahme in die Partei gestellt; zahlreiche Opportunisten und Karrieristen suchen die Nähe zu den neuen Machthabern und auch in Wirtschaftskreisen verspricht man sich von den Nationalsozialisten neue Impulse. Von den „alten" NSDAP-Parteigenossen, die schon lange vor 1933 beigetreten waren, werden sie daher als „Märzgefallene" verspottet. Es ist anzunehmen, dass Otto Dürr, der seinen Betrieb durch schwere Zeiten navigiert hat, sich von den Nationalsozialisten eine sicherere Zukunft für sein Unternehmen verspricht.

Zwar ist 1933 die Weltwirtschaftskrise schon im Abflauen begriffen, die Lage verbessert sich langsam. Doch die Nationalsozialisten verstehen es geschickt, die wirtschaftliche Erholung als eigenen Erfolg zu reklamieren. Zusätzlich setzen sie eine Reihe von Arbeitsbeschaffungsmaßnahmen auf: Das NS-Regime senkt die Arbeitslosigkeit mit Straßenbau, Wohnungsbauprogrammen, Steuererleichterungen, Fortbildungskursen und der Schaffung staatlich subventionierter Beschäftigungen. Zahlreiche Kampagnen sollen die Konsumbereitschaft und bevorzugt die Nachfrage nach in Deutschland hergestellten Produkten anregen. Vor diesem Hintergrund ist die Krise bei *Dürr* Ende 1933 weitestgehend überstanden: Das Unternehmen hat wieder 13 Mitarbeiter und macht einen bescheidenen Jahresumsatz von 80.000 Reichsmark. Doch die Umwälzungen des Jahres 1933 gehen eben weit über einen Regierungswechsel hinaus: Auch abseits von Otto Dürrs NSDAP-Beitritt machen sich die Veränderungen schon bald im Unternehmensalltag bemerkbar.

„Betriebsführer" Otto Dürr, Ende der 1930er.

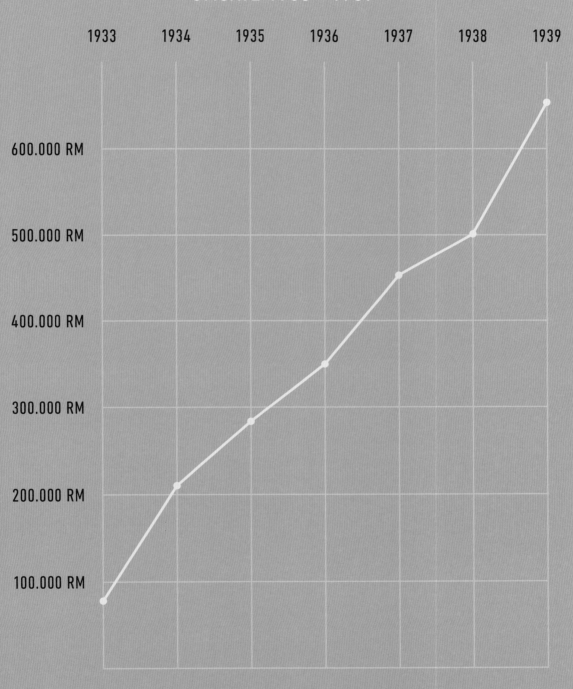

UMSATZ 1933 – 1939

1933 1934 1935 1936 1937 1938 1939

600.000 RM

500.000 RM

400.000 RM

300.000 RM

200.000 RM

100.000 RM

Über den Dächern von Stuttgart:
Lehrlinge der Bauflaschnerei, ca. 1935.

Zwar bekleidet Otto Dürr keine Parteiämter, doch seinen Betrieb formt er zu einer streng gegliederten hierarchischen Organisation im Sinne des Nationalsozialismus um. Schon 1933 gibt es in der kleinen Firma mit Hans Braun einen Mitarbeiter, der die Funktion eines sogenannten „Betriebszellenobmanns" erfüllt und damit der verlängerte Arm der Nationalsozialistischen Betriebszellenorganisation (NSBO) in dem Betrieb ist. Das ist insofern auffällig, als es zu diesem Zeitpunkt noch kein NS-Gesetz gibt, das die Anstellung eines solchen Vertrauensmanns vorschreibt.

Über die Tätigkeiten von Betriebszellenobmann Hans Braun ist nur wenig bekannt. Er verlässt *Dürr* bereits 1935 wieder, um sich selbstständig zu machen, seine Spur verliert sich daraufhin. Die Betriebsentwicklung aus dieser Zeit ist dafür umso besser dokumentiert: 1934 befindet sich *Dürr* in einem starken Wachstum. Durch das positive Ergebnis des Vorjahres kann Otto Dürr in einen elektrischen Aufzug und in moderne Abkant- und Aushaumaschinen investieren. Mit diesen robusten Geräten für die Blechbearbeitung kann *Dürr* auch erstmals größere Aufträge aus der Industrie annehmen. Zum ersten Mal werden schwere, geschweißte Maschinenständer gebaut. Es folgt die Fertigung von Wasser- und Ölfangschalen, Schutzblechen, Härtekästen und Behältern aus hoch hitzebeständigen Spezialblechen. Ende 1935 hat *Dürr* 30 Mitarbeiter bei einem Umsatz von 280.000 Reichsmark.

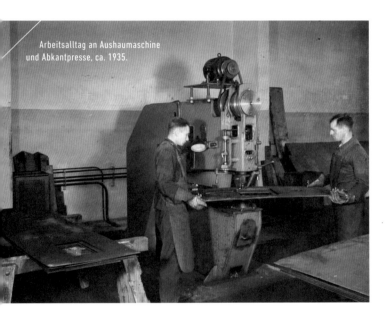

Arbeitsalltag an Aushaumaschine und Abkantpresse, ca. 1935.

NATIONALSOZIALISTISCHE BETRIEBSZELLENORGANISATION UND DEUTSCHE ARBEITSFRONT

1928 gründet die NSDAP die Nationalsozialistische Betriebszellenorganisation (NSBO). Ihr Ziel ist es, als NS-Gewerkschaftsarm Propaganda in den Betrieben zu verbreiten, insbesondere um die traditionell SPD-nahe Arbeiterschaft zu erreichen. Doch sie hat nur wenig Zulauf: 1931 zählt sie gerade einmal 300.000 Mitglieder, in den freien Gewerkschaften sind es über 5 Millionen. Selbst bei den Betriebsratswahlen im März 1933 erhält sie lediglich ein Viertel aller Stimmen. So setzt das Regime bald auf radikalere Mittel, um zur Arbeiterschaft vorzudringen. Am 2. Mai 1933 werden die Gewerkschaften zerschlagen.

In der NSBO hofft man, sich nun zu einer echten NS-Einheitsgewerkschaft weiterentwickeln zu können, doch die Erwartungen werden enttäuscht. Am 10. Mai 1933 wird stattdessen die Deutsche Arbeitsfront (DAF) gegründet, um alle Arbeiter unter einem Dach zu vereinigen. Sie unterscheidet aber nicht zwischen Arbeitnehmern und Arbeitgebern oder der wirtschaftlichen und sozialen Stellung der Arbeiter. Sie ist also keine Gewerkschaft, sondern dient lediglich der Ideologisierung der Arbeiterschaft und ist daher vor allem ein Verband der NSDAP. Mit dem „Gesetz zur Ordnung der nationalen Arbeit" von 1934 ersetzt die DAF schließlich auch offiziell die Gewerkschaften. Das Gesetz baut Rechte der Arbeiter ab und überträgt das Führerprinzip der Partei auf die Betriebe: Die Belegschaft ist der Geschäftsführung untergeordnet und schuldet ihr Gehorsam. Der Einfluss der NSBO ist bis dahin schon völlig geschwunden, 1935 geht sie in der DAF auf.[34]

Mit über 20 Millionen Mitgliedern 1945 ist die DAF der größte NS-Massenverband. Sie unterstützt die betriebliche Sozialpolitik und die DAF-Freizeitorganisation „Kraft durch Freude" (KdF). Mit der Verbesserung der Arbeitsbedingungen und den „KdF"-Programmen möchte sie die Arbeiterschaft von den Vorzügen des Nationalsozialismus überzeugen. Sogar ein Wettbewerb zur Prämierung von „NS-Vorzeigebetrieben" wird eingerichtet: Die Unternehmen selbst sollen ihre Linientreue unter Beweis stellen.

EINE RÄUMLICHE ERWEITERUNG

Als die Auftragsbücher bei *Dürr* wieder gut gefüllt sind, reichen die Kapazitäten in Bad Cannstatt[35] nicht mehr aus. So kommt es zur räumlichen Erweiterung. Otto Dürr wird im Stuttgarter Stadtteil Zuffenhausen fündig. Er erwirbt hier 1936 eine Halle mit Gleisanschluss und freitragender Deckenkonstruktion. Außerdem stattet er sie mit einer Verladerampe sowie einer modernen Krananlage aus. Die Fertigung in Zuffenhausen wird sich auf komplexe Teile für Werkzeugmaschinen spezialisieren.

Beim Erwerb von Eigentum in der NS-Zeit kommt unweigerlich die Frage nach Arisierungen auf. Der Begriff ist von den Nationalsozialisten geprägt und beschreibt die De-facto-Zwangsenteignung von jüdischem Eigentum, insbesondere in Gewerbe und Handel, und seine Übernahme durch „arische" Nutznießer. Diese ist juristisch durch die NS-Gesetzgebung gestützt. Bereits unmittelbar nach Hitlers Machtantritt organisieren Sturmabteilung (SA) und Schutzstaffel (SS) Boykotte jüdischer Geschäfte und Unternehmen. Die Situation verschärft sich zunehmend, sodass viele Juden sich zum Verkauf ihres Eigentums – meist unter Wert – gezwungen sehen. Den Käufern ist die Zwangslage der Verkäufer in der Regel bekannt.

Dies betrifft auch die rund 4.500 Juden, die 1933 in Stuttgart leben. Etwa 50 Prozent der jüdischen Erwerbstätigen sind selbstständig und im Handel aktiv. Sie leiden von Anfang an unter Boykotten und Anfeindungen. Bis zum Herbst 1938 sind bereits zwei Drittel aller jüdischen Geschäfte in Stuttgart aufgegeben. Die Situation verschärft sich noch einmal in der Nacht des 9. Novembers 1938: In einer geplanten Aktion kommt es reichsweit zu Angriffen auf jüdische Einrichtungen und Geschäfte. In Stuttgart werden während der Pogromnacht die Synagogen in der Hospitalstraße und am Wilhelmsplatz angezündet; tags darauf werden die noch bestehenden jüdischen Geschäfte geplündert und in der Folge arisiert, d. h. weit unter Wert verkauft.

Eine sorgfältige Überprüfung von Übernahmen und Erweiterungen in dieser Zeit ist also geboten. Bei *Dürrs* Grundstückerwerb in Zuffenhausen von 1936 handelt es sich nicht um eine Arisierung. Der Kauf lässt sich klar zurückverfolgen: Otto Dürr erwirbt das Anwesen vom nichtjüdischen Unternehmen Krempel.

Die neue Betriebsstätte in der Zuffenhausener Spitalwaldstraße.

Dieses rasante Wachstum spiegelt die allgemeine wirtschaftliche Entwicklung im Deutschen Reich wider. Zwischen 1933 und 1936 beträgt das jährliche Wirtschaftswachstum rund 9 Prozent bei gleichzeitiger Preisstabilität, die Inflationsrate liegt bei etwa 2 Prozent. Gerade das Bau- und Metallgewerbe ist stark im Aufschwung. Neue Kapazitäten werden hier schnell aufgebaut.

Doch der wirtschaftliche Aufschwung basiert von Anfang an auf einer klaren wirtschaftspolitischen Ausrichtung der Nationalsozialisten: der Wiederaufrüstung des Reichs bei weitgehender Autarkie durch einen forcierten Ausbau der Rüstungswirtschaft. Mit dem Vierjahresplan von 1936 macht Hitler dies noch einmal deutlich: Die „Wehrhaftmachung" Deutschlands soll innerhalb kürzester Zeit noch weiter beschleunigt werden. Und so investiert das Regime bis zum Kriegsbeginn 1939 rund 40 Milliarden Reichsmark in die Aufrüstung, was fast 20 Prozent der gesamten gewerblichen Wertschöpfung ausmacht. Der neue wirtschaftliche Erfolg gründet von Beginn an auf der Vorbereitung eines neuen Kriegs.

Betriebsobmann
Karl Hellener, ca. 1938.

„DER BETRIEB IST 100-PROZENTIG ORGANISIERT"

Während *Dürr* also allmählich wieder an die wirtschaftlichen Erfolge aus der Zeit vor der Weltwirtschaftskrise anknüpfen kann, wird bei einem Blick in den Alltag sofort klar, vor welchem Hintergrund dieser Aufschwung steht. 1935 meldet Otto Dürr an die DAF: „Der Betrieb ist 100-prozentig organisiert" – gemeint ist damit die Strukturierung der Abläufe und Hierarchien im Sinne des Nationalsozialismus. Maßgeblich daran beteiligt ist eine Person, die ab 1935 eine entscheidende Stellung bei *Dürr* einnimmt. Nachdem Hans Braun das Unternehmen verlassen hat, wird Karl Hellener, zuvor junger Flaschner im Unternehmen, neuer Betriebsobmann.

Hellener ist zu diesem Zeitpunkt 25 Jahre alt und überzeugter Nationalsozialist. Er ist politischer Leiter der Ortsgruppe Weiler-Rems und auf den vorhandenen Fotos fast immer

Die Symbole der neuen Machthaber dringen bis in den Arbeitsalltag vor. NSDAP-Parteimann Hellener bei der Besprechung mit einem Mitarbeiter.

Betriebsappell bei Dürr mit Vortrag der Hitlerjugend, ca. 1938.

in Uniform und mit Hakenkreuz-Armbinde zu sehen. Der Bürgermeister seines Heimatorts wird nach dem Krieg über ihn aussagen: „War mit voller Begeisterung dabei und ist bis zum vollständigen Zusammenbruch noch in Uniform herumgesprungen." Auch der Betriebsrat von *Dürr* meldet in der Nachkriegszeit über ihn: „Hellener war begeisterter Anhänger des Dritten Reiches und hat sich auch in jeder Beziehung dafür eingesetzt." Andere Mitarbeiter berichten, dass sie erst auf Veranlassung Helleners überhaupt in die NSDAP eingetreten seien.[36]

Hellener ist der sichtbarste Vertreter des neuen Regimes im Betrieb. Umso bedeutsamer ist, dass das Verhältnis zwischen Otto Dürr und Karl Hellener sehr vertraut zu sein scheint. Der junge Mann wird trotz seiner begrenzten Erfahrung schnell der zweite starke Mann im Betrieb. Dürr und Hellener teilen sich oft ein Büro, halten gemeinsame Besprechungen ab und wenden sich in Betriebsappellen gemeinsam an die Belegschaft.[37] Für diese Veranstaltungen werden Redner von der DAF eingeladen, es kommt zu Lesungen aus Hitlers „Mein Kampf" oder Vorführungen der Hitlerjugend.[38]

Der Einfluss der DAF geht aber noch darüber hinaus und erfasst bald auch die Freizeit der Mitarbeiter. Hellener organisiert mit Zustimmung Otto Dürrs Sportveranstaltungen und einen Kegeltreff, Singabende und eine Theaterspielgruppe. Parallel wird eine Betriebssportgemeinschaft gegründet, in der vorwiegend Fußball gespielt wird. Auch der Firmenchef ist mit großer Freude als Torwart dabei – allein aufgrund seiner Statur (Otto Dürr ist fast 2 Meter groß) ist er für diese Position prädestiniert. Der etwas schmächtigere Hellener ist dahingegen leidenschaftlicher Turner. Gerade auf die körperliche Ertüchtigung legen NSDAP und DAF großen Wert – sportliche Leistungsfähigkeit im Zivilleben soll die Grundlage für die Wehrtüchtigkeit der späteren Soldaten im Fronteinsatz sein.

Das Arbeitsleben bei *Dürr* wird innerhalb und außerhalb der Werkshallen nach nationalsozialistischen Vorstellungen gestaltet. Der Betriebsausflug 1936 ist also nicht nur ein Zeichen einer erfolgreich gemeisterten Krise, sondern Ausdruck eines nach nationalsozialistischen Vorstellungen gestalteten Betriebs. In der Werksbücherei liegen bald sämtliche wichtigen NS-Propagandaschriften aus: „Schwarzes Korps", „Der Stürmer", „Der Angriff", „Das Reich" oder auch Schulungsbriefe der NSDAP.[39]

Organisation des Dürr'schen Betriebs, 1941.

DER LEISTUNGSKAMPF DER DEUTSCHEN BETRIEBE

Ab 1937 wird im Rahmen einer Leistungsaktion der Preis „Nationalsozialistischer Musterbetrieb" von der DAF vergeben. Die DAF definiert die Kriterien für die Auszeichnung selbst: Sie nennt Grundsätze zur Beurteilung der „Schönheit der Arbeit", der weltanschaulichen Schulung, der Berufsausbildung sowie der Gestaltung der Betriebsgemeinschaft nach dem Vorbild des Führerprinzips und der Freizeitorganisation. Während der Kriegsjahre verlagert sich der Schwerpunkt auf die Steigerung der volkswirtschaftlichen Leistung, Arbeitsdisziplin und Effizienz.[40]

Aus den Wettbewerben resultieren zwar vereinzelt soziale Verbesserungen für die Arbeiter, gleichzeitig ist die Teilnahme aber oft mit erhöhtem Arbeitsdruck verbunden. Speziell für Kleinbetriebe vergibt die DAF zusätzliche Verdienstabzeichen, zum Beispiel für „vorbildliche Gesundheitsfürsorge", „vorbildliche Berufserziehung", Wohnungsbau, Sozialfürsorge, und das „Gaudiplom für hervorragende Leistungen".

Die Teilnahme an den Leistungswettbewerben ist grundsätzlich freiwillig. Doch gerade für kleine Betriebe ergibt sich dadurch die Möglichkeit, sich stärker gegenüber der DAF zu profilieren und so in den Augen von wichtigen politischen Entscheidungsträgern an Sichtbarkeit zu gewinnen. Insgesamt steigt die Zahl der Bewerber zwar stetig an, erreicht jedoch zu keinem Zeitpunkt das von der DAF proklamierte Ziel der Vollständigkeit. Bis 1940 werden 297 Betriebe zu Musterbetrieben gekürt und in den folgenden Jahren in der Regel bestätigt. In den späteren Kriegsjahren wird der Wettbewerb eingestellt.

DIE ROLLE
OTTO DÜRRS

Allerdings bleibt der Chef, der „Betriebsführer" Otto Dürr, in dieser Zeit trotz
der teilweise zur Schau gestellten ideologischen Nähe zum Regime in vielen Fragen
erstaunlich stumm. Nach dem Krieg wird
Otto Dürr erklären, dass sämtliche Neuerungen oder Appelle stets von Betriebsobmann
Hellener ausgegangen seien. Hellener selbst
verlässt nach dem Krieg das Unternehmen;
die Erinnerung an ihn will man wohl auch
nicht aufrechterhalten: Auf einem Foto mit ihm ist sogar handschriftlich vermerkt: „Hellener:
nach 1945 verschwunden".

In Personalfragen scheint Otto Dürr Prioritäten auch abseits der Parteilinie zu setzen.
Der führende Mitarbeiter und Konstrukteur Franz Schanne etwa wird nie NSDAP-Mitglied
und mit Karl Hettich beschäftigt *Dürr* sogar einen stadtbekannten Sozialdemokraten, der nach
dem Krieg langjähriger Vorsitzender der SPD-Gemeinderatsfraktion in Esslingen wird.

Dennoch ist Otto Dürrs Rolle
in keinem Fall so passiv, wie er es
nach dem Krieg gerne darstellen
möchte. Aufschluss gibt ein Album
von 1941 mit einer langen Be-
schreibung des Betriebs, das sich
in mehrfacher Ausführung im
Firmenarchiv erhalten hat. Es trägt
den etwas martialischen Untertitel
„Der Leistungskampf unseres Betriebes" und ist die Anmeldung
für einen Wettbewerb der DAF –
möglicherweise für den von der
DAF vergebenen Titel „Nationalsozialistischer Musterbetrieb". Es

Gemeinschaftsraum

46

ist eine aufwendig gestaltete Bewerbung, für deren Aufmachung und Qualität man keine Kosten gescheut hat. Die Hintergründe dieser Bewerbung sind nicht bekannt – ob diese auf Drängen des Betriebsobmanns Hellener erfolgte, auf Initiative des Firmenchefs oder ob es eine gemeinschaftliche Idee war, bleibt unklar. Fakt ist, dass mit dieser Unternehmenspräsentation das Bild eines im Sinne des Nationalsozialismus mustergültigen Betriebs vermittelt wird: die „Betriebsgefolgschaft" mit Hakenkreuzfahnen unter dem Hitler-Porträt, umrahmt von Texten mit Propagandaphrasen.

Betriebsführer und Betriebsobmann bei einer Besprechung   42

Zunächst beschreibt Otto Dürr im „Leistungskampf" auf 24 Seiten die Betriebsentwicklung sowie den nationalsozialistischen Geist, der in seinen Betrieben in Bad Cannstatt und Zuffenhausen herrsche. Die positive Entwicklung verdanke er dem Nationalsozialismus. Er schreibt: „[…] die Machtübernahme des Führers veranlasste mich zur intensivsten Arbeit."

201

Gemeinschaftsraum   75

Und: „Seit Übernahme des Betriebs war und ist mein Bestreben die Pflege der Betriebsgemeinschaft. Von daher habe ich die Haltung meiner Betriebsangehörigen in nationalsozialistischem Sinne beeinflusst."

Stolz zählt Dürr auf: „Von der Gefolgschaft sind 4 Politische Leiter, 6 DAF-Walter, 17 Angehörige der Gliederungen und die Jugendlichen gehören sämtlich der HJ an." Es folgt eine Übersicht über die geleisteten Arbeitszeiten und die Umsatzsteigerungen, die sein Betrieb kontinuierlich erzielen kann. Schließlich legt Otto Dürr dar, wie er die Arbeit noch effizienter machen und Produkte noch preiswerter und ressourcensparender produzieren möchte – zweifellos nicht unerheblich im Kriegsjahr 1941. Abschließend zeigt ein Organigramm die DAF-Organisation in den Betrieben in Bad Cannstatt und Zuffenhausen. Von Stoßtruppführer über Fahnenträger, Heimstätten-, Gesundheits-, Arbeitsschutz- und Jugendwalter, Sport- und

Zugang zum Luftschutzkeller durch Gasschleuse   49

Wanderwart bis hin zu mehreren Block-
obmännern ist bei *Dürr* (zumindest auf
dem Papier) alles vorhanden.

„Herzstück" des Albums ist die aus-
führliche Fotodokumentation, die im Anschluss an den Leistungsbericht folgt. Unter
dem strengen Blick Hitlers, dessen Porträt
an vielen Wänden hängt, wird in dieser
Bilderwelt überall bei *Dürr* fleißig und
munter gearbeitet. Die Aufenthaltsräume
und Kantinen sind mit Hakenkreuzfahnen
geschmückt und mit Volksempfängern
ausgestattet, im Besprechungszimmer Karl
Helleners steht eine DAF-Standarte. Die
Stimmung in der Belegschaft ist ausgelassen, die Kantine ist beim Mittagessen gut gefüllt und
zu den Mahlzeiten gibt es das obligatorische Bier. Bei den dokumentierten Gemeinschafts-
abenden tragen einzelne Mitarbeiter Uniform und Armbinde. Die Betriebe in Bad Cannstatt
und Zuffenhausen haben moderne Waschräume und Sanitäranlagen und erfüllen damit
die hohen Hygieneanforderungen der DAF. Und auch außerhalb des Betriebs demonstriert
Dürr in diesem Album engen Zusammenhalt: bei Sportfesten, Fußballspielen, Skiausflügen
oder Wandertouren – wohlgemerkt alles mitten im Krieg.

Fußballmannschaft Betrieb Cannstatt   53

Die Fotos des „Leistungskampf"-Albums bilden natürlich nur einen stark inszenierten Ausschnitt des Alltags bei *Dürr* ab. Sie erfüllen – gemeinsam mit der schriftlichen Betriebsbeschreibung Otto Dürrs – alle Anforderungen, die für den Erhalt eines DAF-Diploms bzw. für die Auszeichnung als NS-Musterbetrieb notwendig sind.

Ob sich die Mühen für diese aufwendige Bewerbungsmappe gelohnt haben, ist nicht bekannt. Es bleibt unklar, inwiefern *Dürr* tatsächlich ausgezeichnet worden ist. Nur eine Aussage Otto Dürrs in der Nachkriegszeit deutet an, dass der Betrieb 1942 ein nicht näher beschriebenes „Gau-Diplom" erhält. Zumindest andere Auszeichnungen *Dürrs* sind aber bekannt. Das Unternehmen nimmt oftmals an DAF-Sportwettbewerben teil und erhält Urkunden für den „Sportappell der Betriebe", einen Sommersporttag oder Firmenläufe, bei denen *Dürr* auch eine Medaille als „Gau-Sieger" erhält.

OTTO DÜRR UND DIE GESINNUNG IM BETRIEB – VERSUCH EINER EINORDNUNG

Die Möglichkeiten einer Ideologisierung im Betrieb sind an allen Ecken – von Betriebsappellen bis hin zu Gefolgschaftsabenden – zweifellos gegeben. Und mit Karl Hellener gibt es einen eingefleischten Nationalsozialisten, der von Otto Dürr zumindest geduldet wird und die Rahmenbedingungen für einen NS-Musterbetrieb schafft. Doch über die äußeren Formen hinaus scheint es fraglich, ob die ideologischen und politischen Themen im Alltag eine besondere Rolle spielen. Selbst der Betriebsrat der Nachkriegszeit, der zu Karl Hellener eine ganz eindeutig ablehnende Meinung hat, bescheinigt dem ehemaligen Betriebsobmann: „Obwohl Hellener die Abneigung einiger Arbeitskollegen gegen das gesamte System des Dritten Reiches kannte, hat er uns dieserhalb nie denunziert oder zurückgesetzt."[41]

Äußerlich wirkt *Dürr* in einem starken Maße organisiert und ideologisch durchstrukturiert. Praktisch entfaltet die Ideologie aber keine entsprechende Wirkmacht. Für die Person Otto Dürrs deckt sich diese Schlussfolgerung mit dem Eindruck eines vor allem tüchtigen, auch opportunistisch agierenden Geschäftsmannes, der zwar im NS-System eine Chance für sein Unternehmen sieht, aber über die Wahrung äußerer Formen hinaus keine besondere ideologische oder politische Haltung vertritt. Otto Dürr war im Geschäftsleben, insbesondere nach den Krisenerfahrungen der vorangehenden Jahre, auf Erhalt und Wachstum seines Betriebs fokussiert und tatsächlich ist das Unternehmen ab 1933 sehr stark gewachsen.

Als in den letzten Kriegsjahren Stuttgart immer stärker von Bombenangriffen bedroht ist, wird der junge Heinz Dürr zu Verwandten nach Rottweil geschickt. Da auf der dortigen Oberrealschule kein Platz mehr für ihn ist, kommt er im Herbst 1944 auf Empfehlung des Schulleiters auf die Nationalpolitische Erziehungsanstalt („Napola") in Rottweil, wo er nach streng ideologischen Maßstäben erzogen wird. Als im März 1945 alliierte Truppen auf deutschem Boden stehen, nimmt Otto Dürr seinen Sohn schließlich von der Schule und bringt die ganze Familie in einem kleinen Waldhäuschen in Sicherheit. Eben jener Heinz Dürr wird später einmal über den Vater sagen: „[…] er nützte nur die angenehmen Seiten des Regimes für sich."[42] Diese Betrachtung greift sicherlich etwas zu kurz, denn Otto Dürr war durchaus aktiv, um jene angenehmen Seiten auch nutzen zu können. Es gibt auch keine Anhaltspunkte, dass Otto Dürr je das erkennbare Ausmaß des verbrecherischen Regimes oder seine Rolle darin tatsächlich reflektiert, abgewogen oder gar kritisiert hat.

FAMILIENEREIGNISSE IN DEN 1930ER-JAHREN

Auch wenn Otto Dürr die prägende Figur der Familie in der NS-Zeit ist, so gibt es dennoch drei wesentliche Ereignisse aus den 1930ern, die andere Dürr-Generationen betreffen. Am 16. Juli 1933 werden Otto und Betty Dürr Eltern: Ihr Sohn Heinz Otto Ferdinand erblickt das Licht der Welt.
Drei Jahre nach der Geburt des ersten Kindes gibt es erneut Familienzuwachs: Der zweite Sohn Reinhold wird am 25. April 1936 geboren. Seinen Großvater wird er nie kennenlernen: Wenige Wochen zuvor, am 21. März 1936, ist der Gründer Paul Dürr im Alter von 64 Jahren verstorben und auf dem Friedhof Uff-Kirchhof in Bad Cannstatt (unweit des Grabs von Gottlieb Daimler und dessen Sohn Adolf) beigesetzt worden.

Betty und Otto Dürr mit den Kindern Reinhold (l.) und Heinz (r.), ca. 1940.

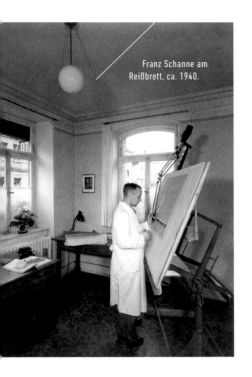
Franz Schanne am
Reißbrett, ca. 1940.

Ein tatkräftiger politischer Aktivist, resoluter Umformer oder ein Profiteur des NS-Regimes, der Verfolgte und Ausgeschlossene aktiv aus dem Wirtschaftsleben verdrängt hat, war er der verfügbaren Aktenlage nach nicht. Als ein dem Nationalsozialismus treuer Betriebsführer ist er aber dennoch in Erscheinung getreten – und das wird unweigerlich Eindruck in der Belegschaft hinterlassen haben. Diesen Befund sieht auch die Spruchkammer bei Otto Dürrs Entnazifizierungsverfahren 1947, die schließlich zu folgendem Urteil über ihn kommt: „Dürr gehört zu den Menschen, die glauben, ihre volle Schuldigkeit getan zu haben, wenn sie für ihren Betrieb und ihre anvertrauten Leute sorgen. Dürr konnte es nicht verstehen und nahm es geradezu übel, dass wir ihn darauf hinwiesen, dass man darüber hinaus auch die Zeit und das Interesse aufbringen muss, um die politischen Vorgänge zu verfolgen, weil jeder einzelne dafür verantwortlich ist, dass derartige Entwicklungen verhütet werden."[43]

DÜRR AM VORABEND DES ZWEITEN WELTKRIEGS

Die positive wirtschaftliche Entwicklung der Firma *Dürr* setzt sich von der Mitte der 1930er-Jahre bis 1939 fort. Bei Kriegsbeginn beschäftigt *Dürr* etwa 65 Mitarbeiter und erzielt 1939 einen Jahresumsatz von 650.000 Reichsmark. Otto Dürr investiert weiter konsequent in den Betrieb: In Zuffenhausen baut er eine neue große Halle sowie ein Transformatorengebäude. Er schafft neue Maschinen wie eine Leisten- und Profilpresse sowie eine Tafelschere an. Mit der Einstellung des Ingenieurs Franz Schanne entsteht 1938 außerdem ein eigenes technisches Büro. Schanne wird Leiter der Abteilung Blechbearbeitung und Stahlblechbau. Er begründet gewissermaßen das Ingenieurzeitalter bei *Dürr*. Später wird er sich an seine ersten Tage erinnern:

„Als ich damals bei Dürr begann, war niemand da, der mich einweisen konnte. Und nicht einmal ein Reißbrett konnte ich vorfinden. Herr Dürr war damals für einige Tage zur Leipziger Messe gereist, ebenso der Meister. Ich nutzte dann die Tage des Verlassenseins, um mich im Betrieb umzuschauen und die Produktion zu studieren. Als dann Herr Dürr nach einer

Werbeanzeige von 1939
für Wasserschalen.

Woche wieder in Erscheinung trat, war meine erste Frage an ihn: ‚Herr Dürr, was soll ich bei Ihnen eigentlich tun?' Da sagte er: ‚Das kann ich Ihnen auch nicht sagen, das müssen Sie selbst wissen.' Ich kaufte natürlich als Erstes ein modernes Reißbrett, und seitdem habe ich Herrn Dürr nie wieder gefragt, was ich tun soll." Mit den Konstruktionszeichnungen Schannes können nun auch komplizierte Blechteile und Behälter produziert werden, die eine genaue Vorausberechnung der Schweißnähte und -verwindungen erfordern.

VOM VIERJAHRESPLAN ZUM „TOTALEN KRIEG"

Seit dem Vierjahresplan 1936 greift das Regime stark in die deutsche Wirtschaft ein, um sie „wehrhaft" zu machen. Lohn-, Preis- und Investitionspolitik der Unternehmen werden zunehmend vom Staat beeinflusst oder direkt gelenkt.

Hitlers Kriegsstrategie basiert auf kurzen Überraschungsangriffen und Eroberungskriegen („Blitzkriege"). Denn das Deutsche Reich hat nicht die Ressourcen für lang angelegte Zermürbungskriege. Doch mit dem Beginn des „Vernichtungskriegs" gegen die Sowjetunion stößt diese Strategie an ihre Grenzen. Während die Wehrmacht im russischen Winter vor Moskau stecken bleibt, macht der Kriegseintritt der USA im Dezember 1941 einen schnellen Sieg gegen die Westalliierten unmöglich. Es beginnt ein materialintensiver Stellungs- und Ressourcenkrieg, der für Deutschland ab diesem Zeitpunkt schon nicht mehr zu gewinnen ist.[44]

Um die neue Kriegsführung zu ermöglichen, muss die gesamte Wirtschaft in Deutschland und den okkupierten Gebieten noch stärker auf Kriegsproduktion umgestellt werden. Nach dem Unfalltod von Fritz Todt 1942 wird Albert Speer Rüstungsminister. Er organisiert die Rüstungsproduktion um und verlagert sie weg von der Wehrmacht und hin zur Industrie – davon erhofft sich Speer noch mehr Dynamik und weniger Bürokratie. Fünf Hauptausschüsse, zuständig für Munition, Waffen und Geräte, Panzerwagen und Zugmaschinen, Wehrmachtsgerät und Maschinen, rationalisieren und standardisieren fortan die Produktion. Rund 6.000 Personen aus Partei und Wirtschaft koordinieren die Rüstungsproduktion.

Mit der gigantischen Umstellung und Verschlankung der Abläufe gelingt es Speer, die Rüstungsproduktion erheblich zu steigern. Schlüssel für diese Steigerung ist aber nicht allein die Effizienz, sondern vor allem die gnadenlose Ausbeutung der eroberten Gebiete, insbesondere in Osteuropa. Rohstoffe, Lebensmittel und Maschinen werden beschlagnahmt und Millionen Menschen verschleppt, um als Zwangsarbeiter im Reich und den okkupierten Gebieten zu arbeiten. Maßgeblicher Organisator dieser modernen und industriellen Sklaverei ist Fritz Sauckel als „Generalbevollmächtigter für den Arbeitseinsatz".

1943 beginnt die letzte Phase der totalen kriegswirtschaftlichen und ideologischen Mobilisierung der Bevölkerung. Im von Joseph Goebbels propagierten „Totalen Krieg" werden – wenn nötig, auch unter Druck und Zwang – Produktionssteigerungen bei einer wöchentlichen Arbeitszeit von 70 Stunden erreicht. Die Wirtschaft trägt so ihren Teil dazu bei, Hitlers Krieg bis zum Äußersten zu verlängern.

Unterdessen spitzt sich die politische Lage zu. Die wirtschaftlichen Erfolge und die massive Aufrüstung erlauben es Hitler, seine außenpolitischen Pläne zu verfolgen: Die ersten Macht-proben mit dem „Anschluss" Österreichs und der Besetzung des Sudetengebiets 1938 gelingen, doch Hitler sieht das eigentliche Ziel seiner Politik in einem Eroberungskrieg im Osten. 1939 holt er zum nächsten Schlag aus: Am 1. September überfällt die Wehrmacht Polen. Dessen Verbündete Frankreich und Großbritannien erklären dem Deutschen Reich im Gegenzug den Krieg. Europa steht am Beginn des nächsten großen Kriegs.

KRIEGSBEGINN UND RÜSTUNGSPRODUKTION

Die ersten Kriegsmonate werden zu einem erschreckenden Beleg für die Wirksamkeit der nationalsozialistischen Aufrüstung. Durch die als „Blitzkriege" geführten Feldzüge gegen Polen und insbesondere im Frühjahr 1940 gegen Frankreich werden beide Staaten in überraschend kurzer Zeit bezwungen. Der scheinbar unaufhaltsame Siegeszug der Wehrmacht steigert Hitlers Popularität in der deutschen Bevölkerung, vor allem da die als „nationale Schmach" propagierte Niederlage von 1918 und die teilweise als demütigend empfundenen Bestimmungen des Versailler Vertrags nun vermeintlich kompensiert sind.

Bald wird die gesamte volkswirtschaftliche Produktion auf Kriegs- bzw. Rüstungsbedarf umgestellt, während die (nicht verfolgte) Bevölkerung durch eine umfassende Propaganda, die an die Solidarität der „Volksgemeinschaft" appelliert, zu Konsumverzicht und Arbeitseifer aufgefordert wird.

NSU-Kettenkraftrad, ca. 1940.

So müssen viele zivile Aufträge, die auch bei *Dürr* zuvor noch eingegangen waren, kurzfristig annulliert werden.[45] Die Aufträge im Bausektor nehmen ab September 1939 deutlich ab, der Flasch-nerbereich kommt weitestgehend zum Erliegen. Denn die dafür benötigten Materialien, wie etwa Kupfer, werden für die Munitionsherstellung gebraucht. In den beiden Betriebsstätten in Bad Cannstatt und Zuffenhausen werden zwar weiterhin Blechprodukte wie Ölfangschalen hergestellt. Hinzu kommen nun aber noch ganz andere, kriegswichtige Erzeugnisse: u. a. Bombengehäuse, Lafetten für Geschütze, Boden- und Seitenteile für das NSU-Kettenkraftrad sowie Heizgeräte für Bunker.

Die Produktion kriegswichtiger Erzeugnisse variiert bei *Dürr* stark im Laufe des Kriegs. Das Unternehmen ist keineswegs dauerhaft mit den gleichen Aufträgen betraut; es fungiert vor allem als Zulieferer anderer Firmen. Gerade

Die Produktion läuft weiter: vollgepackter Dürr-Lkw, 1940.

in den ersten Kriegsjahren werden die wirtschaftlichen Abläufe mit viel Eigeninitiative weitergeführt: *Dürr* arbeitet in den meisten Fällen mit Unternehmen zusammen, zu denen bereits vor dem Krieg Geschäftskontakte bestanden hatten und die nun auf kriegswichtige Erzeugnisse umstellen. Wie klein- und arbeitsteilig die Fertigung von Rüstungsgütern tatsächlich ist, zeigen dabei drei Beispiele aus der *Dürr*-Produktion zwischen 1939 und 1943.

Den ersten größeren Auftrag für die Rüstungsindustrie erhält *Dürr* noch Ende 1939. Eine Firma aus Sonneberg in Thüringen stellt Teile für Rohbomben her. Diese werden dann knappe 250 Kilometer nach Bad Cannstatt transportiert, wo bei *Dürr* insbesondere Abschlussbleche und Zündvorrichtungen angeschweißt werden. Der Auftraggeber ist aber nicht immer zufrieden mit der Produktqualität und vermutlich ist die große Entfernung zwischen Sonneberg und Bad Cannstatt ebenfalls hinderlich in der Lieferkette. Der Auftrag läuft bereits 1940 aus.

Das Reutlinger Unternehmen *Burkhardt & Weber* zählt schon vor Kriegsbeginn zu den wichtigsten Kunden *Dürrs*. Der Maschinenbauer stellt im Jahr 1942 Geschütze her, *Dürr* liefert die Lafetten. Im Gegensatz zum Sonneberg-Auftrag scheint das Geschäft hier aber gut zu laufen, die Produktion expandiert rasch. Allein 1942 wird für *Burkhardt & Weber* Material im Rohgewicht von 140 Tonnen verarbeitet. Auch hier geht es um Schweißarbeiten; *Dürr* schafft während der Kriegszeit über 40 Schweißgeräte an – eines für jeden zweiten Mitarbeiter.

Nachdem das Bad Cannstatter Stammwerk bei einem alliierten Luftangriff im
April 1943 zerstört wurde, siedelt die restliche Produktion nach Zuffenhausen um.
Die Aufträge der Rüstungsindustrie werden
hier weiter umgesetzt, die Maschinen in
Zuffenhausen sind aber eher für komplexere
Konstruktionen ausgelegt. *Dürr* wird daher
zunehmend zu einem wichtigen Unterliefe-
ranten für verschiedene Sondermaschinen-
programme und Schweißkonstruktionen für
die Rüstungsindustrie. Ein großer Auftraggeber sind neben *Burkhardt & Weber* auch die
Fortuna-Werke, zu denen schon seit den Zeiten
Paul Dürrs gute Beziehungen bestehen.

Produktion von Blechständern, 1941.

LANGFRISTIGE EFFEKTE
DER RÜSTUNGSPRODUKTION

Die Rüstungsaufträge stellen die Betriebe
aus unternehmerischer Sicht vor einige
Herausforderungen: Ihre Erledigung
ist an strenge Fristen gebunden, die Produk-
tionsketten sind lang, da viele verschiedene
Firmen am selben Produkt arbeiten, und das
Material wird zentral zugeteilt. Dennoch
sind sie für die beteiligten Unternehmen
lukrativ und so überschreitet der *Dürr*-
Umsatz im Kriegsjahr 1943 erstmals die
magische Grenze von 1 Million Reichsmark.
Neben Umsatz und Gewinnen hat die Einbindung in die Rüstungswirtschaft für die
Firmen einen weiteren Vorteil: Sie erleichtert
den Bezug knapper Materialien und Rohstoffe. Sowohl Otto Dürr als auch Franz
Schanne sind daher darauf bedacht, möglichst großzügige Angaben über benötigte
Rohstoffe gegenüber der Gauwirtschafts-
kammer zu machen. So kann *Dürr* regelrecht
Material horten. Auch *Burkhardt & Weber*
scheint immer wieder größere Kontingente
zu besitzen und tritt wiederholt Material an
den Bad Cannstatter Partner ab. Gegen Ende
des Kriegs hat *Dürr* ein Vorratslager von
rund 600 Tonnen Material.[46]

Der andere, auf lange Sicht entscheidende Aspekt, den die Rüstungsproduktion für *Dürr* mitbringt, ist ein Innovationsschub. Erste Kunden wünschen eine Grundierung der bei *Dürr* gefertigten Teile. Schanne experimentiert daraufhin mit verschiedenen Möglichkeiten der Vorbehandlung von Materialien für die Produktion. Um Materialknappheit vorzubeugen und die Werkstoffe noch effizienter zu verarbeiten, entwickeln

Material ist bei Dürr vorhanden: Verladung von Blechschrott, ca. 1940.

Schanne und Otto Dürr auch die Produktionsverfahren in der Blechbearbeitung weiter, wie etwa für Ölfangschalen. Und die veränderten Produktionsbedingungen zwingen den Betrieb, in dem noch immer weitgehend manuell gefertigt wird, zu neuen Produktions- und Organisationsprozessen: Schweißarbeiten für kriegswichtige Güter

erfolgen in Serie. Im Gegensatz zu den gewohnten hochwertigen Spezialprodukten und -anfertigungen lernt *Dürr* so auch, hohe Produktionsmengen bei deutlich niedrigeren Gewinnen pro Stück anzufertigen und zu kalkulieren. Das bedeutet für das Unternehmen einen wesentlichen Entwicklungsschritt hin zur industriellen Serienfertigung. Diese Erfahrung wird wegweisend für die Produktion in der Nachkriegszeit sein.

Doch trotz aller Weiterentwicklungen: Die Bedeutung *Dürrs* als Unterzulieferer in der deutschen Rüstungsindustrie ist sicher als eher gering einzuschätzen. In der staatlich gelenkten Wirtschaft, die ab 1943 auf eine langfristige Kriegsführung ausgelegt ist, sticht *Dürr* nicht besonders hervor.

Otto Dürr nutzt Möglichkeiten, seinen Betrieb am Laufen zu halten und auch von den veränderten Rahmenbedingungen im Krieg profitieren zu können. Mit seinen Erfahrungen in der Rüstungsproduktion gelingt ihm auch ein wichtiger innovativer Sprung. Das Unternehmen lernt, neue Produkte herzustellen, sich zu diversifizieren und die Produktion effizienter zu gestalten. Die Maschinen, die *Dürr* besitzt, sind bei Kriegsende hochmodern. Das passt in das Bild der gesamten deutschen Wirtschaft: Der Druck, immer mehr und bessere Rüstungsgüter zu produzieren, hat, so verstörend es in Anbetracht der katastrophalen Zerstörungen und des millionenfachen Leides klingen mag, zu einem Modernisierungsschub geführt.

EINSATZ VON ZWANGSARBEITERN BEI DÜRR

Aufträge und Bezug von Rohstoffen sind bei *Dürr* auch während der Kriegsjahre weitestgehend gesichert. Doch mit dem Scheitern einer schnellen Eroberung der Sowjetunion im Spätjahr 1941 wird eine andere Ressource zunehmend knapp: Durch den andauernden Krieg werden immer mehr junge Männer zur Wehrmacht einberufen, während gleichzeitig die verbliebenen Arbeitskräfte den steigenden Bedarf an Rüstungsgütern kaum noch decken können. Das Regime beutet deshalb die besetzten Gebiete brutal aus und plündert nicht nur Ressourcen oder Kunstschätze, sondern bemächtigt sich auch der Arbeitskräfte. Im Jahr 1942 kommen bei *Dürr* die ersten Zwangsarbeiter zum Einsatz.

Die Spuren der Zwangsarbeiter bei *Dürr* genau nachzuzeichnen, gestaltet sich kompliziert. Eine private Fotodokumentation der Arbeitsbedingungen oder der Unterkünfte von Zwangsarbeitern war strengstens verboten, genauso wie der Umgang zwischen ausländischen und deutschen Kollegen. Darüber hinaus macht die politische Konstellation der Nachkriegszeit die Aufarbeitung für manche Gruppen von Zwangs-arbeitern schwer: Der Ost-West-Konflikt und der Kalte Krieg lassen Kontakte in weite Teile Osteuropas abbrechen. Hinter dem Eisernen Vorhang gibt es derweil – ähnlich wie im Westen – wenig Interesse an einer historischen Aufarbeitung. Erst nach dem Zusammenbruch der Sowjetunion 1990/1991 kann eine wissenschaftliche Aufarbeitung des Einsatzes polnischer und sowjetischer Zwangsarbeiter erfolgen.[47] Viele der fast fünf Millionen versklavten Sowjetbürger erleben diese Zeit nicht mehr. Ihre individuellen Schicksale sind in vielen Fällen bereits vergessen. Namen von polnischen oder sowjetischen Zwangsarbeiterinnen oder Zwangsarbeitern sind auch bei *Dürr* nicht überliefert.

Für den speziellen Fall Stuttgart erschwert die Praxis der Verteilung der Zwangsarbeiter deren Nachverfolgung. Sie werden nicht zentral registriert und behördlich verschiedenen Unternehmen zugewiesen. Vielmehr kommen sie in der Regel zunächst in einem Auffanglager unter, wie etwa in Feuerbach, wo ihr Gesundheitszustand überprüft wird. Danach geht es für die meisten weiter an den

„Ostarbeiterbaracke" beim Zuffenhausener Betrieb, ca. 1943.

ZWANGSARBEIT IM NATIONALSOZIALISMUS

Für die nationalsozialistische Zwangsarbeit tauchen in den Quellen zuweilen unterschiedliche Begriffe auf. „Fremdarbeiter" ist ein Oberbegriff für Arbeitskräfte, die meist unter Strafandrohung und (nichtwirtschaftlichem) Zwang eingesetzt werden. Er umfasst Zivilarbeiter, KZ-Häftlinge und Kriegsgefangene. Die Bezeichnung „Fremdarbeiter" wird verwendet, um die Zwangsgrundlage zu verschleiern. Der Begriff taucht vor allem in zeitgenössischen Quellen auf.

In der Behandlung der zur Arbeit gezwungenen Menschen findet die NS-Rassenideologie einen direkten Ausdruck. Während das Regime etwa bei Kriegsgefangenen oder „angeworbenen" Zivilarbeitern aus Frankreich stets darauf achtet, den Schein der Legalität aufrechtzuerhalten und sie gar teilweise besser bezahlt als in ihren heimischen Betrieben, gestaltet sich die Situation bei Frauen und Männern aus Polen oder der Sowjetunion völlig anders. Eigene sogenannte „Polenerlasse" und „Ostarbeitererlasse" schreiben für beide Gruppen eine Kennzeichnungspflicht vor. Sie werden schlechter bezahlt, erhalten eine geringere Verpflegung und sind meist menschenunwürdig untergebracht. Der Besitz von Wertgegenständen oder der Besuch von öffentlichen Einrichtungen ist verboten. Auch der Kontakt mit Deutschen ist außerhalb der Arbeit untersagt. Vorarbeiter haben ein „Züchtigungsrecht" gegenüber den Zwangsarbeitern. Es entbehrt nicht einer tragischen Ironie der Geschichte, dass ausgerechnet jene Gruppen, die das Regime am intensivsten rassistisch verurteilt und bekämpft, in der zweiten Kriegshälfte bewusst ins Land geholt werden, damit der Krieg fortgeführt werden kann. Im Herbst 1944 sind in Landwirtschaft und Industrie rund 7,7 Millionen ausländische Zivilarbeiter und Kriegsgefangene beschäftigt.[48]

In Stuttgart werden Zwangsarbeiter zunächst vor allem in der Stadtverwaltung eingesetzt. Sie werden für Bau- oder Aufräumarbeiten, in Krankenhäusern oder in der Landwirtschaft verpflichtet. Mit fortschreitendem Kriegsverlauf steigt der Bedarf in den Betrieben rasant. So beschäftigt *Daimler* 1940 noch keine Zwangsarbeiter, 1942 allerdings schon 3.500 und 1944 über 4.500. Im Jahr 1942 gibt es in und um Stuttgart etwa 30.000 Zwangsarbeiter. Rund die Hälfte von ihnen ist in firmeneigenen Lagern untergebracht. Größere städtische Lager befinden sich in Feuerbach, Weilimdorf, Zuffenhausen, Bad Cannstatt, Korntal, Hedelfingen, Heslach und auf dem Killesberg. „Westarbeiter" – vor allem Kriegsgefangene und anderweitig Zwangsverpflichtete aus Frankreich – sind teilweise in Privatunterkünften untergebracht. Für den Einsatz von KZ-Häftlingen in der Wirtschaft entstehen Außenstellen des Konzentrationslagers Natzweiler in Bisingen, Leonberg und Vaihingen.

Wie in nahezu allen deutschen Städten sind auch in Stuttgart Zwangsarbeiter omnipräsent. Für die Bevölkerung sind sie durch ihre mangelhafte Kleidung, Versorgung und Unterbringung direkt sichtbar.

Stuttgarter Hauptbahnhof, wo die Unternehmen die Arbeiter „begutachten" können, sie direkt abholen und oftmals in den firmeneigenen Baracken unterbringen. Durch diese Verteilungsmethode verliert sich oft die Spur einzelner Zwangsarbeiter, denn die Betriebe sind nicht immer um sorgfältige Dokumentation bemüht (oder ihre Dokumente gehen im Krieg verloren). So sind weder im *Dürr*-Archiv noch im Stuttgarter Stadtarchiv, im Landesarchiv Baden-Württemberg oder bei den Arolsen Archives, die den Anspruch haben, sämtliche Zwangsarbeiter in Deutschland zur NS-Zeit zu dokumentieren, schriftliche Zeugnisse oder Namenslisten zu Zwangsarbeitern bei *Dürr* vorhanden.[49] Dennoch gibt es vereinzelt Hinweise zu ihrer Herkunft, Arbeit und Unterbringung in den Betrieben in Bad Cannstatt und Zuffenhausen.

Die ersten Zwangsarbeiter, die 1942 bei *Dürr* zum Einsatz kommen, sind zwar nicht schriftlich, aber dafür durch ein seltenes Foto dokumentiert. Auf diesem sind 15 sehr junge Männer zu sehen. Drei davon tragen den Aufnäher „Ost", das Foto ist also frühestens Ende Februar 1942 nach den „Ostarbeitererlassen" entstanden. Sie stehen auf dem Vorplatz des Firmengeländes in Zuffenhausen. Inwiefern es in diesem Jahr bereits Zwangsarbeiter im Bad Cannstatter

Hauptbetrieb gibt, ist unklar, allerdings berichtet *Dürr*-Mitarbeiter Gustav Kühner, dass es bis zu seinem Einzug zur Wehrmacht am 6. Januar 1943 keine Zwangsarbeiter bei *Dürr* gegeben habe.[50] Kühner ist lediglich in Bad Cannstatt im Einsatz, die Zwangsarbeiter in Zuffenhausen hat er daher vermutlich nicht wahrgenommen. Spätestens ab 1943 werden dann aber auch Zwangsarbeiter in Bad Cannstatt eingesetzt: Die Aufräumarbeiten nach der Zerstörung des Bad Cannstatter Betriebs im April 1943 sind gut dokumentiert. Auf den Fotos sind Arbeiter zu sehen, die ein „KG" auf dem Rücken tragen – die Kennzeichnung für Kriegsgefangene.[51]

Nach der Zerstörung des Hauptwerks verlagert sich der Betrieb komplett nach Zuffenhausen. Da immer mehr deutsche Kollegen eingezogen werden, dürfte sich der Einsatz der Zwangsarbeiter noch einmal verstärkt haben. Die Arbeiter sind zu diesem Zeitpunkt in einer vom Unternehmen erbauten Baracke rund 200 Meter abseits des Zuffenhausener Firmengeländes untergebracht, die möglicherweise auch in dieser

Die ersten Zwangsarbeiter bei Dürr, 1942.

Phase errichtet wurde. Auch von dieser Baracke gibt es ein Bild, auf dem Arbeiter mit dem „Ost"-Aufnäher zu sehen sind. Äußerlich wirkt die Baracke so, als ob sie Platz für 30 bis 40 Personen bieten könnte. Eine gemeinsame Unterbringung von Arbeitern aller Nationen ist aber unwahrscheinlich. Die Baracke ist eingezäunt und bewacht.

Über die genaue Anzahl der Zwangsarbeiter bei *Dürr* geben lediglich ältere Firmenaufzeichnungen Auskunft.[52] Bis zum Kriegsende kommen demnach Zwangsarbeiter aus zwölf verschiedenen Nationen bei *Dürr* zum Einsatz, hauptsächlich Polen und Russen. Sie machen in den letzten Kriegsjahren rund 80 bis 90 Prozent der Belegschaft aus, was in absoluten Zahlen etwa 60 bis 70 Zwangsarbeitern entsprechen würde – sofern die Mitarbeiterzahl nach Zerstörung des Bad Cannstatter Betriebs gleich geblieben ist.[53]

Ihre Arbeitssituation ist derweil zumindest rudimentär bekannt: Die Zwangsarbeiter haben keinen freien Ausgang. Ein jugoslawischer Arbeiter in der Firma ist ihre Kontaktperson. Wenig überraschend geben Franz Schanne und Otto Dürr in der Nachkriegszeit an, dass die Unterbringung, Behandlung und Verpflegung der Zwangsarbeiter überdurchschnittlich gut gewesen und es nie zu Zwischenfällen gekommen sei. Das lässt sich heute zwar nicht mehr überprüfen, aber die Aussage eines weiteren Kollegen in einem anderen Zusammenhang belegt zumindest, dass es einen Vorfall von körperlicher Gewalt gegen russische Zwangsarbeiter gegeben haben muss.[54] Zur Frage, ob auch Häftlinge (Konzentrationslager oder Zuchthaus) oder weibliche Zwangsarbeiter bei *Dürr* eingesetzt worden sind, konnten trotz intensiver Recherche keine Informationen gefunden werden.

Kriegsgefangene bei Aufräumarbeiten nach der Zerstörung des Bad Cannstatter Hauptwerks, 1943.

INDIVIDUELLE SPUREN

Konkreter lässt sich die Spur von wenigstens zwei Zwangsarbeitern bei *Dürr* nachverfolgen, da ihre Namen überliefert sind.[55] Die Situation von beiden ist aber aufgrund ihrer Herkunft gesondert zu betrachten und nicht zu vergleichen mit der Lage von russischen Kriegsgefangenen oder „Ostarbeitern".

Johann Kühner stammt aus dem damaligen Jugoslawien, kommt im November 1942 zu *Dürr* und bleibt dort bis Kriegsende. Nach dem Krieg ist er in einem Stuttgarter Sammellager untergebracht und kehrt in seine Heimat zurück. Im November 1945 sagt er schriftlich im Zuge von Otto Dürrs Spruchkammerverfahren aus und dankt dem Firmenchef für seine freundliche Behandlung während seiner Beschäftigung bei *Dürr*. Wo Kühner genau untergebracht war, ist zwar nicht ersichtlich, aber auf einer Liste des bei Zuffenhausen gelegenen Lagers Schlotwiese aus der Nachkriegszeit taucht ein Hans Kühner auf, geboren am 25. März 1922, ebenfalls Jugoslawe, aus der Stadt Kula (heute Serbien), wo er als Teil der dortigen deutschen Minderheit aufwächst. Damit steht er als „Volksdeutscher" in der nationalsozialistischen Rassenideologie weit oben und wird deshalb anders behandelt als ein Kriegsgefangener oder „Ostarbeiter". Kühner kommt vermutlich als „volksdeutscher" Zivilarbeiter 1941 nach Deutschland. Er arbeitet zunächst bei Krupp in Essen, scheidet dort aber bereits am 14. August 1941 aus „familiären Gründen" aus. Sein Verbleib von diesem Zeitpunkt an bis zu seinem Einsatz bei *Dürr* ab November 1942 ist unklar.

Ebenfalls ansatzweise zurückverfolgen lässt sich die Spur von Jean Champier, geboren am 13. Juli 1911. Er ist französischer Kriegsgefangener und arbeitet ab November 1942 bei *Dürr*. Im März 1944 verlässt er das Unternehmen. Er kommt nach Norddeutschland und arbeitet bis Kriegsende für die Rickmers-Werft in Bremerhaven. Danach kehrt Champier in seine Heimat zurück und wohnt nach dem Krieg in Autun (Saône-et-Loire).

Eine einordnende Bewertung des Einsatzes von Zwangsarbeitern bei *Dürr* fällt schwer. Einerseits fehlt es vor allem an schriftlichen Quellen – sofern es sie gab, sind sie, wie viele andere Dokumente aus der Firmengeschichte auch, bei dem Luftangriff vom 14./15. April 1943 zerstört worden. Die Namen der Zwangsarbeiter sind bis auf zwei Ausnahmen unbekannt und damit ist auch eine Recherche nach ihren konkreten Schicksalen schwer. Auch wenn bei über 30.000 in Stuttgart eingesetzten Zwangsarbeitern die Zahl von 60 bis 70 Zwangsarbeitern bei *Dürr* im Vergleich sicher gering ist, so macht diese Zahl schließlich doch eine Dimension umso deutlicher: Selbst in einem verhältnismäßig kleinen Unternehmen wie *Dürr* war ohne Zwangsarbeit ein geregelter Betrieb nicht mehr zu bewerkstelligen. Zwangsarbeiter waren also überall im Einsatz und omnipräsent.

Zerstörter Betrieb, 1943.

DAS ENDE DES ZWEITEN WELTKRIEGS

Im Frühjahr 1943 kommt es zu einem aufsehenerregenden Vorfall bei *Dürr*. Der Flaschner Fritz Wölfel meint zu einem Lehrling: „Mache lieber dein Handwerk und melde dich nicht zur SS." Der junge Lehrling ist aber bei der Hitlerjugend, hat scheinbar andere Pläne und zeigt den Vorfall an. Wölfel wird verhaftet, kommt zunächst in Stuttgart in Untersuchungshaft und wird schließlich vor dem Volksgerichtshof in Berlin, dort wo Roland Freisler in zahlreichen Schauprozessen Todesurteile fällt, wegen „Wehrkraftzersetzung" angeklagt. Zwischen April und Juli 1943 ist er in Haft, das Verfahren wird schließlich aus Mangel an Beweisen eingestellt, eine Entschädigung steht Wölfel aber nicht zu.[56] Immerhin kann er danach bei *Dürr* weiterarbeiten. Otto Dürr oder Karl Hellener waren in den Vorfall nicht verwickelt.

Die Angelegenheit und die weitreichenden Folgen dieser leichtfertig dahingeworfenen Bemerkung Fritz Wölfels können nur im Zusammenhang mit den Kriegsereignissen 1943 verstanden werden: In den vorangegangenen Wintermonaten tobt die Schlacht um Stalingrad. Im Februar 1943 kapituliert die eingekesselte 6. Armee. Es ist vor allem psychologisch ein Wendepunkt. Die Lage ist angespannt, das Vertrauen in das Regime und den „Endsieg" schwindet. Während die Lage an der Front kippt, schwört Reichspropagandaminister Joseph Goebbels in seiner perfekt inszenierten Sportpalast-Rede das Land auf den „Totalen Krieg" ein. Doch die Parolen stoßen schon auf viele taube Ohren: Widerstandsaktionen wie solche der Weißen Rose, vor allem aber die Nachrichten aus den „Feindsendern" machen den Deutschen klar, dass der Krieg nicht mehr zu gewinnen ist. Umso erbitterter sind die Machthaber um ein Ersticken jeglicher Kritik bemüht – und gehen daher selbst wegen eines eher unauffälligen Kommentars gegen Menschen wie Fritz Wölfel vor.

Unterdessen intensivieren sich im ganzen Reich die Luftangriffe der Alliierten auf deutsche Industrieanlagen und Städte. Und auch der Großraum Stuttgart bleibt nicht verschont: Beim nächtlichen Fliegerangriff im April 1943, bei dem der *Dürr*-Stammsitz zerstört wird, kommen in ganz Stuttgart 619 Menschen um, weitere 703 werden verwundet. Manches kann aus den Trümmern noch gerettet werden, etwa ein Tresor mit Geschäftsdokumenten und Bargeld. Ebenfalls ein kleiner Hoffnungsschimmer: Im Keller hat sich ein 100-Liter-Fass Wein erhalten, dessen Inhalt in den folgenden Wochen den Mitarbeitern nach Feierabend zur Verfügung gestellt wird.[57]

Während Stuttgarts historische Altstadt am 12. September 1944 durch von Flächenbombardements ausgelöste Feuerstürme völlig vernichtet wird, bleibt das Werk von *Dürr* in Zuffenhausen verschont. Der Betrieb wird hier, so gut es geht, aufrechterhalten, auch wenn die Belegschaft fast täglich rund drei Stunden im Luftschutzbunker verbringen muss.

Otto Dürrs Familie verbringt die letzten Kriegsmonate schon nicht mehr in Stuttgart. Betty Dürr und die beiden Kinder Heinz und Reinhold kommen außerhalb Stuttgarts auf einem Bauernhof in Sicherheit, während Otto Dürr in der Stadt bleibt und die Firma weiterführt. Heinz Dürr erinnert sich später wie folgt an die Wochen auf dem Land am Ende des Weltkriegs: „Wir wohnten in einem Zimmer mit Vorraum zum Kochen, Sparherd, elektrisches Licht nur hin und wieder. Wasser haben wir von einer nahen Quelle geholt in einem Messingkrug. Und meine Mutter hat es fertiggebracht, dass der Krieg ganz weit wegblieb, dass wir fast wie in den Erzählungen deutscher Romantiker lebten."[58] Am 21. April 1945 marschieren schließlich französische Soldaten in Stuttgart ein – der Krieg ist am Neckar beendet.

Einen Geldschrank mit wenigen Unterlagen kann Otto Dürr noch retten.

VOM SUCHEN UND FINDEN NEUER HORIZONTE.
VON OTTO ZU HEINZ DÜRR

1945
–
1979

Am 8. Mai 1945 kapituliert die Wehrmacht „bedingungslos", der Krieg ist vorbei, die Herrschaft der Nationalsozialisten beendet. Doch das Land ist ein Trümmerfeld. Allein in Stuttgart sind bei insgesamt 53 Luftangriffen über 4.500 Menschen ums Leben gekommen, nahezu 40.000 Gebäude wurden zerstört oder beschädigt – über die Hälfte der gesamten Stuttgarter Bausubstanz.[59] Das Stammwerk von *Dürr* in Bad Cannstatt existiert nicht mehr, 14 Mitarbeiter sind im Krieg gefallen oder werden noch vermisst, und nach Entlassung der Zwangsarbeiter ist die Belegschaft auf 10 Mann geschrumpft. Die Siegermächte teilen das Land in vier Besatzungszonen auf,

Deutschland ist besetzt: Einzug französischer Truppen in Stuttgart im Mai 1945 unter General de Gaulle.

Otto Gross, 1955.

Teile von Baden und Württemberg, darunter Stuttgart, fallen unter die amerikanische Militärverwaltung. Eine der vordringlichsten Aufgaben der Alliierten ist es, das Land zu entnazifizieren: Funktionsträger in Ämtern und Verwaltungen, aber auch in der Wirtschaft werden hinsichtlich ihrer NSDAP-Zugehörigkeit überprüft und teilweise entfernt. So wird auch Otto Dürr aufgrund seiner NSDAP-Mitgliedschaft bis auf Weiteres untersagt, seine Firma zu leiten. Für kurze Zeit läuft der Betrieb unter der Führung des kaufmännischen Angestellten Otto Gross weiter. Doch *Dürrs* Kompetenzen sind wichtig für das zerstörte Land: Das Unternehmen führt Flaschner- und Blecharbeiten an öffentlichen und privaten Gebäuden sowie bei Firmen aus, unterstützt beim Wiederaufbau von Wohngebäuden, produziert Spar- und Kleinherde und stellt Maschinenteile für Holzbearbeitungs- und Schuhmaschinen her. Kunden sind unter anderem die amerikanische Militärregierung, die *Südzucker AG* oder die Württembergische Wirtschaftskammer.[60] Ihre Aufträge zahlen sich auch für den Firmenchef aus: Er stellt den Antrag auf ein Eilverfahren zur Entnazifizierung, dem stattgegeben wird. Schon zu Jahresbeginn 1947 ist es abgeschlossen und Otto Dürr kehrt an die Unternehmensspitze zurück. Und nicht nur dem Firmenchef wird ein Eilverfahren gewährt, sondern auch einigen seiner Mitarbeiter: Sie werden bereits im Frühjahr 1947 entnazifiziert, wie etwa Franz Schanne.

Otto Dürr kehrt gerade rechtzeitig in den Betrieb zurück. Zwar gibt es Arbeit und Aufträge, doch das Wirtschaften ist schwer: Es fehlt an allem, das Land ist in Besatzungszonen geteilt, die Zukunft Deutschlands als Staat ist ungewiss, die Reichsmark ist nichts mehr wert. Lebensmittel gibt es nur gegen Marken. Schwarzmarkt und Tauschhandel herrschen vor. *Dürr* tauscht etwa mit der Maschinenbaufirma *KÖLLE* aus Esslingen Maschinenständer gegen eine Bandsäge. Und Otto Dürr geht, wie es im Volksmund heißt, persönlich sogar „Material hausieren": Gelegentlich fährt er nach Hamburg, um bei der Verschrottung alter Schiffe an Altmetall für die Produktion zu kommen.[61]

Erst mit der Währungsreform am 20. Juni 1948 und dem Marshall-Plan, einem milliardenschweren Hilfsprogramm der USA, ändert sich die Situation schlagartig. Die neue Währung, die D-Mark, führt dazu, dass sich auch die kritische Material- und Energieversorgung entspannt. In Stuttgart-Zuffenhausen blickt man jedenfalls wieder zuversichtlicher in die Zukunft: Nur wenige Tage nach der Währungsreform stellt der

ENTNAZIFIZIERUNG

Die vier Siegermächte wollen nach dem Zusammenbruch des NS-Regimes die deutsche Gesellschaft von allen Einflüssen des Nationalsozialismus befreien. In den Zonen der West-alliierten muss jeder erwachsene Deutsche einen Meldebogen ausfüllen, mit Angaben etwa zu seiner politischen Haltung oder seinen Funktionen innerhalb des NS-Staates. Auf Basis dieser Angaben wird ein Verfahren eingeleitet und ein Urteil gesprochen. Konsequent wird dieses Prozedere aber nur in der amerikanischen Besatzungszone durchgeführt. Denn der Verwaltungsaufwand ist immens. Um die Prozessflut über-haupt handhaben zu können, werden die Entnazifizierungs-verfahren in die Hand deutscher Laiengerichte gegeben, sogenannter Spruchkammern. Die Verhandlungen haben zwar den Anspruch eines Gerichtsverfahrens, doch sie enden in der Regel mit milden Urteilen, oft nach wohlwollenden Aussagen von Freunden oder Kollegen. Die Laienrichter haben meist keine Vorstellung vom Ausmaß der NS-Verbrechen und vom engmaschigen arbeitsteiligen Prozess ihrer Durchführung, der auch weite Bevölkerungskreise miteinbezog. Und so geht es im Entnazifizierungsverfahren Otto Dürrs auch weniger um die Frage nach dem Einsatz von Zwangsarbeitern oder inwieweit Dürr zu einem – zumindest äußerlich – mustergültigen Betrieb umgeformt worden ist. Ermittler wälzen keine Aktenberge, stattdessen sagen lediglich ein paar Mitarbeiter aus, dass Otto Dürr sozial eingestellt war und politisch nicht in Er-scheinung getreten ist.
Ein mildes Urteil im Entnazifizierungsverfahren sagt aus heutiger Sicht nur bedingt etwas über die tatsächliche Haltung der betreffenden Person gegenüber dem Nationalsozialismus aus – und die Verfahren insgesamt sind weniger eine juristische Aufarbeitung als ein bürokratisches Feigenblatt für das geschehene Unrecht.

Betrieb einen Großauftrag über den Bau von 100 Maschinenständern für die Firma *Fromm* fertig – bei einem Stückpreis von 60 D-Mark ein lukratives Geschäft. *Dürr* ist Ende 1948 weitgehend frei von Bankschul-den und Hypotheken und beschäftigt wieder rund 50 Mitarbeiter.

Mit Improvisation und Kreativität re-agiert *Dürr* auf die starke Nachfrage in der Nachkriegszeit. So werden aus Blechabfällen allerlei Haushaltsprodukte hergestellt: etwa Ofenrohre und Waschkessel ebenso wie ein von Otto Dürr ersonnener und von Franz Schanne konzipierter Sparherd, der mit Holz befeuert wird und mit dem man heizen sowie kleine Mahlzeiten zubereiten kann. Der Herd entwickelt sich zu einem Symbol pragmatischer Findigkeit in der Not. Da-rüber hinaus reparieren die Bauflaschner Dächer und Dachrinnen und kümmern sich um Abdeckungen aller Art für teilzerstörte Häuser und Neubauten. Für die Bedachun-gen werden vielfach alte Kupferbahnen wiederverwendet und zuvor neu gefalzt oder ausgebessert. Dies geschieht auch beim Wiederaufbau des Staatstheaters und der Kuppel des Kunstgebäudes in Stuttgart, für die *Dürr* ein neues Dach erstellt.[62]

Werbeanzeige aus der Nachkriegszeit.

Ausgabe neuer Banknoten, 1948.

BUCHVERWALTUNG

BLOCKIERTE KONTEN

Otto Dürr in den USA, 1950.

INNOVATION UND WACHSTUM – BEGINN DES ANLAGENBAUS

Otto Dürr erkennt allerdings, dass Bauflaschnerei und Blechbearbeitung allein nicht zukunftsweisend sein können. Die Firma ist zu dieser Zeit nicht mit eigenen Produkten am Markt präsent und wird daher, sofern sich dies nicht ändern sollte, als Zulieferer von Einzelteilen weiterhin in alleiniger Abhängigkeit von den Unternehmen bleiben, die die Endprodukte fertigen. Der Chef macht sich deshalb selbst auf die Suche nach einem Produkt, mit dem man als Hersteller *Dürr* neu auf dem Markt etablieren kann. Hierfür besucht Otto Dürr

1949 erstmals wieder eine Fachmesse, und zwar die neue, große Industriemesse in Hannover, und studiert anschließend bei einer Amerika-Reise 1950 die technisch fortschrittlichsten Anlagen zur chemischen Oberflächenbehandlung in einer Vielzahl von Fabriken. Danach nehmen seine Überlegungen konkrete Formen an: Er plant, die Firma auf die Oberflächentechnik zu spezialisieren, mit der man schon während des Zweiten Weltkriegs umfassende Erfahrungen bei der Grundierung von Fahrzeugteilen gemacht hat.

Hierfür braucht Otto Dürr einen Spezialisten – und den findet der umtriebige Firmenchef fast zufällig: „Ich suchte damals nach irgendwas aus Blech, so in Richtung Behälterbau. Da traf ich im Jahr 1950 zufällig an einem Kegelabend unseren heutigen Oberingenieur Hubert Schillings und der erzählte mir etwas von Bonderanlagen, dass diese Anlagen aus Blech seien und dass das so eigentlich gerade das sei, was ich suche. Er meinte dann, vorläufig bräuchte er nur ein

Hubert Schillings, 1955.

Erste Dürr-Anlage, 1950.

Reißbrett und so haben wir zusammen angefangen."[63] Otto Dürr bietet Schillings nach dem Treffen spontan eine Position als leitender Ingenieur an und Schillings wird zur ersten prägenden Figur im Anlagenbau bei *Dürr*. Nur wenige Monate nach Beginn von Schillings' Arbeit ist die erste selbst konstruierte Anlage zur Oberflächenbehandlung betriebsbereit: Die Firma *Südrad* in Ebersbach hat eine Spritzanlage für Scheibenräder in Auftrag gegeben, die nur wenig Platz beanspruchen und zudem möglichst kosteneffizient sein soll. Von dem Anblick eines Rhönrads inspiriert, entwirft Schillings die „Einkammer-Rhönrad-Spritz-Phosphatieranlage".[64] Diese Innovation ist den technischen Entwicklungen der Konkurrenz in allen entscheidenden Punkten überlegen: Auf deutlich geringerem Raum können damit statt 40 Scheibenräder pro Stunde nun 250 Stück phosphatiert werden, ohne dass dabei, wie sonst üblich, viel Handarbeit notwendig ist.[65]

Kippbecheranlage, 1950.

Die neue Anlage bewährt sich so gut, dass sie zum Patent angemeldet wird und dem *Dürr*'schen Betrieb erste Lorbeeren auf dem Gebiet der Oberflächenbehandlung einbringt. Die nächsten Aufträge lassen nun nicht lange auf sich warten: Ebenfalls 1950 gehen Bestellungen von *Bosch* und *Daimler-Benz* ein. Beiden namhaften Unternehmen liefert *Dürr* vollautomatische Kippbecheranlagen, die ebenfalls zum Patent angemeldet werden. Dass *Dürr* hier technisches Neuland betreten muss, stellen die Ingenieure häufig im Konstruktionsprozess fest. Dabei bewährt sich die starke Kundennähe, die *Dürr* seit jeher pflegt: Die Auftraggeber sind immer in den Prozess einbezogen und haben Verständnis, wenn es bei diesen Pionierarbeiten zu Verzögerungen kommt. „Manchmal war es wirklich schwer", erinnert sich der Firmenchef Jahre später, „denn theoretische Grundlagen fehlten und man konnte nur auf sehr wenig Erfahrung zurückgreifen. Wir wurden manchmal mit Ideen unserer Kunden konfrontiert, die als

praktische Anlagen nicht zu verwirklichen waren, wie wir leider hinterher feststellen mussten. Zum Lobe unserer Kunden sei gesagt, dass diese selbst oft ein Einsehen hatten und erkannten, dass es sich hier um technisches Neuland handelte."

Der Umsatz der neu gegründeten Abteilung beträgt 1950 rund 36.000 D-Mark – bei einem Gesamtumsatz der Firma von 950.000 D-Mark noch ein recht bescheidener Umfang. Aber anders als in der Blechbearbeitung, wo der Kunde *de facto* den Preis bestimmt, kann *Dürr* diesen beim Anlagenbau selbst festlegen. Anfangs fehlen für die Kalkulation noch die Erfahrungswerte, bei den ersten verkauften Anlagen bleibt der Gewinn daher sehr dürftig. Doch 1951 erhöht sich der Umsatz der neuen Abteilung bereits um mehr als das Dreifache. Auch der Gesamtumsatz überschreitet 1951 die Millionengrenze. Und 1955 liegt er bereits bei über 3 Millionen D-Mark. Die Zahl der Mitarbeiter wächst in dieser Zeit auf über 170 an.[66]

Hubert Schillings, Otto Dürr und Heinz Dürr
Ende der 1950er neben einer Anlage.

EIN DACH FÜR STUTTGARTS FERNSEHTURM

Das Wachstum im Anlagenbau macht deutlich: *Dürr* wagt sich in ganz neue Bereiche vor und entwickelt sich weiter. Doch auch im klassischen Handwerk, der Bauflaschnersparte, erklimmt *Dürr* neue Höhen: In Stuttgart-Degerloch versammeln sich im Frühjahr 1955 regelmäßig Schaulustige. Auf einer Großbaustelle entsteht hier ein neues Wahrzeichen der Region, der über 200 Meter hohe Stuttgarter Fernsehturm. Das Publikum kann vom Boden aus die Bauarbeiten in schwindelerregender Höhe verfolgen – und erlebt dabei manchmal recht waghalsige Manöver: Ein 16-jähriger Lehrling wird in einer Kiste am Turm entlang hochgezogen, vorbeigeschleust an den Kontrolleuren der Bauaufsicht. Das „Schmuggelmanöver" ist notwendig, da die Arbeit auf Hochbaustellen nur für Volljährige erlaubt, die Mithilfe des Lehrlings aber erforderlich ist.

Das Unternehmen bleibt in der Nachkriegszeit die größte Metallbedachungsfirma im Raum Stuttgart und arbeitet am Wiederaufbau der Dächer bekannter Stuttgarter Bauten wie etwa der „Villa Berg" sowie am Neubau des Stuttgarter Rathauses oder der Hauptpost. Und der im wahrsten Sinne des Wortes herausragendste Auftrag ist 1955 dann die Arbeit an der Metallbedachung des Stuttgarter Fernsehturms – des weltweit ersten aus Stahlbeton, der zum Prototyp für alle folgenden Türme dieser Bauweise wird.[67]

Wochenlang verbringen die Flaschner den Großteil ihres Arbeitstages in luftiger Höhe. Zu Zwischenfällen kommt es glücklicherweise nicht; der tägliche Abstieg eines Mitarbeiters, der sich in der Mittagspause um die Verpflegung der Kollegen kümmert, mag die größte Anstrengung gewesen sein.

Der neue Geschäftsumfang, volle Auftragsbücher und die wachsende Belegschaft haben zur Folge, dass auch der kaufmännische Bereich und insbesondere die Buchhaltung bei *Dürr* effizienter werden müssen. Mitte der 1950er-Jahre gibt es ein eigenes Lohnbüro, und die Laune des naturgemäß sparsamen Schwabens Otto Dürr ist gegen Ende der Woche meist trüb – freitags ist schließlich Zahltag. In den kommenden Jahren bezieht man den Chef immer weniger in die Zahlungsabläufe ein – nicht nur seiner Stimmung, sondern auch der Effizienz zuliebe. Denn Otto Dürrs Rolle ist längst eine andere: Er ist der wichtigste Marketingmann in seinem Unternehmen und ein Netzwerker der „alten Schule". Bei der Pflege bestehender Geschäftskontakte

Aus einem Reißbrett ist
ein ganzes Dutzend geworden: das
Konstruktionsbüro in Zuffenhausen in den 1950ern.

setzt er sowohl auf gute persönliche Beziehungen als auch auf vertiefte geschäftliche Kooperationen, die für beide Seiten von Vorteil sind. Das Sprichwort „Kleine Geschenke erhalten die Freundschaft" hat er verinnerlicht und versteht sich darauf, mit einer Kiste Wein oder einer Schachtel Zigarren die Kundenbindung zusätzlich zu fördern. Für die Akquise neuer Kunden wendet *Dürr* hingegen eine ebenso simple wie wirkungsvolle Methode an: Telefonbücher und Branchenverzeichnisse werden nach potenziellen

Kunden durchkämmt, die dann systematisch angeschrieben werden – Direktmarketing also. Auf 20 Briefe folgt im Schnitt eine Gelegenheit, die *Dürr*'schen Produkte vorzustellen. Dahinter steht der Plan des Chefs und seines leitenden Ingenieurs Hubert Schillings, über kleine Anlagen positive Referenzen für größere Aufträge zu erlangen. Von der etablierten Konkurrenz wird diese unkonventionelle Art der Kundengewinnung derweil noch belächelt.[68]

ERSTE GROSSAUFTRÄGE FÜR DEN ANLAGENBAU

Mitte der 1950er-Jahre wiederholt sich in Stuttgart eine bestimmte Szene: *Dürr*-Ingenieure und -Auftraggeber entwickeln gemeinsam neue Konzepte – aber nicht mit ernsten Mienen über Reißbrettern, sondern im unkonventionellen Rahmen bei dem ein oder anderen Glas Wein und nicht selten bis spät in die Nacht. „Ich habe dann nur immer am Ende eines solchen Abends aufgepasst, dass die leeren Zigarettenschachteln und Papierservietten nicht verloren gingen", erinnert sich Otto Dürr später amüsiert, „waren auf ihnen doch unsere Gedanken und Ideen festgehalten. Es wurde auf diese Weise manche Konzeption für zukünftige Anlagen gerettet und später in die Praxis umgesetzt."[69]

Deutliches Zeichen des Wachstums:
der Neubau auf dem Gelände in Zuffenhausen, ca. 1960.

Daimler-Benz, *Ford*, *BMW* und *Bosch* gehören ebenso zu den Auftraggebern für den Anlagenbau „made by *Dürr*" wie die *AEG* und *Siemens*. Für das schnell wachsende Unternehmen wird eine räumliche Erweiterung unumgänglich. Nachdem schon ein zweistöckiger Büroanbau auf dem Gelände in der Spitalwaldstraße 3 in Zuffenhausen errichtet wurde,[70] kauft Otto Dürr nun ein benachbartes Grundstück hinzu, auf dem zunächst die Lehrlingswerkstatt und Teile der Blechbearbeitung untergebracht werden. Als dann noch die renommierte Firma *Linde* eine 46 Meter lange Bonderanlage für Kühlschränke bei *Dürr* bestellt,[71] wird klar, dass der Platz in den bestehenden Gebäuden zur Anfertigung solcher Anlagen bei Weitem nicht ausreicht. Deshalb beschließt der Chef, zwei neue Werkshallen auf dem hinzugekauften Gelände zu errichten. Die Räumlichkeiten werden im April 1956 eingeweiht. In ihnen sind von nun an die Abteilungen Anlagenbau und Stahlblechbau untergebracht.

Dürr steigt in den 1950ern mit dem Bau eines Automaten zur Reinigung von Kurbelwellengehäusen und Zylinderblöcken auch in die industrielle Reinigungstechnik ein, die man – sozusagen organisch – als Vorstufe des Lackierens bzw. Bonderns entwickelt. Die meisten

Anlagen werden auf Bestellung individuell für den jeweiligen Abnehmer entworfen und gebaut. Natürlich bedeutet dies auch, dass die Möglichkeiten zur Standardisierung und Serienproduktion begrenzt sind. Bei *Dürr* kann man sich dafür jedoch flexibel auf die individuellen Kundenwünsche einstellen, was sich immer mehr zum Wettbewerbsvorteil entwickelt und zu einer Kernkompetenz der wachsenden Sparte Anlagenbau wird. Dies funktioniert auch deshalb so gut, weil die Ingenieure bei *Dürr* kreative Köpfe auf ihrem Gebiet sind, und das Ergebnis ihrer Tüfteleien sind innovative Entwicklungen, die oftmals zum Patent angemeldet werden: so etwa Ende 1957 eine „Vorrichtung zur Oberflächenbehandlung von Hohlkörpern durch Tauchen in eine Badflüssigkeit" und ein „Schwenkkorb für Tauchvorbehandlungsanlagen mit angebautem Schwimmkörper zur Erzielung einer Drehbewegung beim Ein- und Austauchen".[72]

Hatte der Anlagenbau im ersten Jahr noch einen sehr bescheidenen Anteil am Umsatz, sieht das Ende der 1950er-Jahre ganz

anders aus. Mit dem Großauftrag von *Linde* steigt der Umsatz 1956 erstmals auf über 4 Millionen D-Mark – eine Steigerung um 137 Prozent innerhalb von nur vier Jahren.[73] 1958 besteht die Konstruktionsabteilung aus nunmehr rund 10 Fachkräften bei einer Gesamtbelegschaft von 208 Mitarbeitern. Der Umsatz beträgt knapp 5 Millionen D-Mark, davon entfallen jetzt 39 Prozent auf den Anlagenbau.[74]

Die über Jahre boomende Wirtschaft steigert die Nachfrage nach Arbeitskräften immer weiter. Um personelle Engpässe zu vermeiden, macht *Dürr* verstärkt Werbung und stellt zunehmend auch Arbeitskräfte aus dem Ausland ein – anfangs vorwiegend Spanier, die meist als Schweißer im Betrieb eingesetzt werden. Im Jahr 1959 sind bereits über 20 Prozent der *Dürr*-Belegschaft Arbeitskräfte aus dem Ausland, in diesem Sinn wird die Firma also internationaler. Der Umsatz erreicht in diesem Jahr mit rund 6,1 Millionen D-Mark ein weiteres Rekordhoch.[75]

Waschautomat für Kurbelgehäuse, ca. 1958. (oben)
Die Anlagen werden größer, wie hier für Volkswagen, um 1970.

DER GENERATIONENWECHSEL BAHNT SICH AN

Eines Morgens kommt Otto Dürr in das Büro seines Sohnes Heinz. Der Junior ist längst im Unternehmen aktiv, und bei seinem morgendlichen Rundgang stellt der Senior fest, dass einige Mitarbeiter Dinge tun, die er gar nicht angeordnet hatte. So brummelt er zu seinem Sohn: „Wer ist hier eigentlich der Chef und hat das Sagen?" Heinz antwortet: „Du natürlich." Und nach einer bedeutungsvollen Pause ergänzt er: „Dann musst du aber auch weiterhin morgens um sieben Uhr im Betrieb sein."[76] Das ist dem Senior dann doch etwas zu früh und so folgt, was früher oder später in einem Familienunternehmen folgen muss: die allmähliche Übergabe an die nächste Generation.

Heinz Dürr arbeitet bereits seit 1957 im Familienunternehmen – vorwiegend im Anlagenbau, dessen Expansion er forciert. Ab 1960, mit 27 Jahren, übernimmt er in der Geschäftsführung Verantwortung. Er ist zwar feingeistiger veranlagt als sein Vater,[77] das gesunde Selbstbewusstsein und den Willen anzupacken haben jedoch beide. Mit dem gemeinsamen Ziel vor Augen läuft die Arbeitsteilung zwischen ihnen reibungslos. Der Seniorchef ist froh, dass es mit seinem ältesten Sohn einen geeigneten Nachfolger in der Familie gibt, in dem er den Ehrgeiz und die Führungsqualitäten wiedererkennt, mit denen er selbst den Betrieb nach vorne gebracht hat.

HEINZ DÜRR

Nach seiner Schlosserlehre bei der *Düsseldorfer Waggonfabrik* studiert Heinz Dürr in Stuttgart Maschinenbau und geht seinen vielseitigen wissenschaftlichen Interessen in Vorlesungen über technische Mechanik, Maschinenzeichnen, Physik, Elektrotechnik, bürgerliches Recht, Wirtschaftswissenschaften und Philosophie nach. Auch sonst kultiviert er in dieser Zeit seinen studentischen Lebenswandel: Er begeistert sich für den Existenzialisten Jean-Paul Sartre und den Jazz von Miles Davis, trägt bevorzugt schwarze Kleidung, und auch Alkohol und Zigaretten gehören zum Studentenleben dazu – ritualisierte Trinkgelage in Burschenschaften oder schlagenden Verbindungen lehnt er als Individualist hingegen ab. Bereits kurz nach dem Vordiplom muss er 1957 sein Studium abbrechen: Er wird dringend im Betrieb gebraucht. Später erinnert er sich an diese Zeit des Umbruchs wie folgt:

„Während meiner Studienzeit arbeitete ich auch im Konstruktionsbüro unserer Firma, bekam viele Kontakte mit den Mitarbeitern der Firma, auch auf Baustellen, wo die Dinge nicht immer so liefen, wie wir es auf der Hochschule lernten. Es ging aufwärts mit dem Anlagenbau. Wir bekamen gute Aufträge und machten gute Umsätze. Dann erlitt der Ingenieur [Hubert Schillings] einen Herzinfarkt. Mein Vater sah in mir den geeigneten Nachfolger. Und mein Studium? Würde ich später das Diplom vermissen? Nur dann, wenn aus mir als Unternehmer nichts würde. Aber das schloss ich bedingungslos aus. So nahm ich in Kauf, mit einem abgebrochenen Studium zu leben. Geschadet hat mir das eigentlich nicht. Als Unternehmer musste ich meine Kunden überzeugen, und das dafür nötige technische Know-how hatte ich drauf. Und wenn ich etwas nicht wusste, konnte ich ja kundige Leute fragen."[78]

INTERVIEW MIT HEINZ DÜRR

Von Ihnen stammt das Zitat: „Jedes Unternehmen hat seine Unternehmenskultur, vielleicht sogar eine Seele." Was zeichnet die 125 Jahre alte und offenbar doch junge Seele von *Dürr* aus?

HD: Eine Kultur wird von Menschen geprägt. In unserem Unternehmen waren und sind die Mitarbeiter das Wichtigste. Sie leben mit der Firma und schaffen die Produkte, mit denen wir erfolgreich sind. Und zwar global, denn wir sind ein globales Unternehmen.

Sie sprechen manchmal vom Unternehmen als gesellschaftliche Veranstaltung. Klingt fast sozialistisch …

HD: Das hat ein älterer Kollege damals auch gesagt, als ich den Begriff zum ersten Mal verwendete, um 1973. Meine Begründung – ein Unternehmen hat doch folgende Zielsetzungen: die Gesellschaft mit Gütern und Dienstleistungen zu versorgen, sich um seine Mitarbeiter zu kümmern, für eine angemessene Verzinsung des eingesetzten Kapitals zu sorgen und ökologischen Notwendigkeiten Rechnung zu tragen. Diese vier Zielsetzungen dienen der Gesellschaft, und deshalb meine Bezeichnung.

Und was ist mit dem Gewinn?

HD: Die Einnahmen müssen größer sein als die Ausgaben, und zwar auf Dauer gesehen. Dabei geht es aber um angemessenen, nachhaltigen Gewinn, nicht um eine kurzfristige Gewinnmaximierung. Den Satz des Ökonomen Milton Friedman, dass es die einzige soziale Verantwortung der Unternehmen sei, ihre Gewinne zu vergrößern, unterschreibe ich nicht. Der Gewinn ist nicht Zweck des Unternehmens, sondern eine Messgröße, ob die gesellschaftliche Veranstaltung Unternehmen funktioniert. So wie die Körpertemperatur anzeigt, ob der Körper gesund ist, aber selbst nicht die Gesundheit darstellt. Ein Unternehmen hat nur dann eine Existenzberechtigung, wenn es nachhaltig und langfristig Werte für die Gesellschaft schafft.

Viele traditionsreiche und namhafte deutsche Großunternehmen, wie etwa *Mannesmann*, existieren heute nicht mehr. Gibt es ein Erfolgsgeheimnis für das Fortbestehen von *Dürr*?

HD: Nachhaltigkeit ist entscheidend. In diesem Sinne ist es hilfreich, dass die Familie Dürr sagt: Wir bleiben Haupt- und Ankeraktionär. Gegen den Hauptaktionär sind Übernahmen nur schwer durchsetzbar. Im Fall *Mannesmann* gab es keine hinreichende Unterstützung durch Ankeraktionäre.

Werden die Vorteile für die Unternehmensentwicklung, wenn die Gründerfamilie wie bei *Dürr* präsent bleibt, immer noch unterschätzt?

HD: Ich denke, in dieser Hinsicht hat in den letzten Jahren ein Umdenken stattgefunden. Die Vorteile sind ja offenkundig. Familienunternehmen werden in der Regel nachhaltiger geführt. Der Kapitalmarkt setzt auf kurzfristigen Gewinn. Ein Unternehmen muss aber eine langfristige Strategie entwickeln und diese verfolgen, wenn es erfolgreich bleiben will. Wichtig ist auch: Üblicherweise wird das Personal in Familienunternehmen nicht allein als Kostenfaktor gesehen – bei uns jedenfalls ganz sicher nicht.

Welche weiteren Eigenschaften waren entscheidend für den Erfolg des Unternehmens?

HD: Technologie und Qualität sind entscheidend. Sie müssen ein Produkt haben, das besser ist als das der Konkurrenz und dem Kunden Vorteile bringt. Aber es ist noch mehr. Gerade bei unseren Kunden in der Automobilindustrie kommt es immer auf Verlässlichkeit an. Das bieten wir. Und das wird geschätzt. Was die Qualität betrifft: Meiner Meinung nach achtet man heutzutage in vielen Unternehmen zu sehr auf den niedrigsten Preis und am Ende hat man dann monatelange Ausfälle von Anlagen und Maschinen mit den entsprechenden finanziellen Einbußen zu beklagen. Auch in dieser Hinsicht sollte man eine zu kurzfristige Sichtweise kritisch hinterfragen.

Welche Strategie haben Sie verfolgt, als Sie die Geschäftsführung der Firma von Ihrem Vater Otto übernommen haben?

HD: In erster Linie ging es um unsere Anlagen, die einfach besser sein mussten als die der Konkurrenz. Aber es kam noch etwas anderes dazu. In den 1950er- und 1960er-Jahren kamen die ersten Gastarbeiter. In Deutschland hat ja Personal gefehlt. Und ich habe mir gedacht, da machen wir was falsch: Wir holen uns erst die Gastarbeiter aus dem Ausland, lassen sie hier arbeiten und schicken die Produkte dann zurück ins Ausland, etwa nach Brasilien. Warum schicken wir nicht ein paar Spezialisten nach Brasilien und produzieren dann dort?! Wir haben also eine globale Strategie verfolgt. Was wir heute beispielsweise für den chinesischen Markt liefern, wird zu einem Großteil in China gefertigt. Die Roboter kommen weiterhin aus Deutschland, aber auch da gibt es Entwicklungen in China.

Wie sehr hat der familiäre Hintergrund Ihren Lebensweg geprägt? Wären Sie auch Unternehmer geworden, wenn Ihr Vater kein Unternehmen gehabt hätte?

HD: Ich glaube nicht. Wenn mein Vater Musikprofessor gewesen wäre, dann wäre ich vielleicht Musiker geworden. Aber ich bin ja mit dem Betrieb aufgewachsen. Wenn Sie in einer Familie aufwachsen, die – sagen wir mal – mit Textilien zu tun hat, ob Sie dann ein Hersteller von Lackieranlagen werden, das möchte ich bezweifeln. Heute ist das anders, da spielen Familientraditionen eine geringere Rolle.

Welche Rolle spielten Ihre Mutter Betty und später Ihre Frau Heide für die Entwicklung bzw. den Erfolg des Unternehmens?

HD: Meine Mutter hat sehr viel für die Erziehung von uns Kindern getan. Im Betrieb hat sie die Buchhaltung geführt, sie war so etwas wie das kaufmännische Gewissen in der Firma und wurde zu einer entscheidenden Kraft. Meine Frau – wir haben ja sehr früh geheiratet – stand immer zur Firma und zu dem, was ich gemacht habe. Das war unerlässlich für den Erfolg. Sie ist immer meine wichtigste Beraterin gewesen. Und im Unternehmen hat sie sich unter anderem mit der Veranstaltungsreihe „Kultur erlebt" zusammen mit dem Betriebsrat eingebracht.

Außerdem geht die heutige Arbeit der „Heinz und Heide Dürr Stiftung" maßgeblich auf ihr Engagement zurück. Als ich zur *AEG* gegangen bin, war sie ja sogar einige Jahre Aufsichtsratsvorsitzende der *Dürr Systems* und hat in dieser Funktion dafür gesorgt, dass die Führungsleute gut miteinander klarkommen.

Welche Bedeutung hat Traditions- bzw. Geschichtsbewusstsein für die Unternehmensführung?

HD: Da muss ich einen Schlüsselsatz des Philosophen Odo Marquard zitieren: „Zukunft braucht Herkunft." Wo kommt ein Unternehmen her? Das darf man niemals vergessen. Anders formuliert: Aus der Vergangenheit lernt man für die Zukunft – sowohl aus vergangenen Fehlern wie aus den Erfolgen.

Was wünschen Sie sich für die Zukunft der *Dürr AG*?

HD: Leute, bleibt neugierig! Jeder in seinem Job. Und das Management muss dafür sorgen, dass die Neugier zugelassen wird und Früchte trägt. Natürlich müssen vor allem die Führungsleute neugierig bleiben. Bei Neugierde ist ja immer auch ein Stück weit Empathie dabei – man interessiert sich für die Mitmenschen.

Senior- und Juniorchef, um 1960.

Fortan nimmt Otto Dürr hauptsächlich repräsentative Aufgaben für das Unternehmen wahr, betreut Stammkunden und kümmert sich um die ihm bestens vertrauten, traditionsreichen Abteilungen der Flaschnerei und Blechbearbeitung. Damit hat er nun auch mehr Zeit für seinen geliebten Sport, denn er ist nicht nur begeisterter Fußballer und Ruderer, sondern trifft sich auch gern mit Freunden zum Kegeln, fährt Rad und gelegentlich in den Skiurlaub.

Mitte der 1950er lernt Heinz Dürr auch Heide Ott kennen. Die beiden finden schnell Gefallen aneinander – zumal sie neben Sport auch andere Interessen teilen, wie etwa Kunst und Literatur. Als Heinz Dürr seine Freundin dem Vater vorstellt, kommt es zu einer ersten

Heinz (ganz links) und Otto Dürr (Vierter von links), zusammen mit den Mitarbeitern Heinz Frommhold, Hubert Schillings, Franz Schanne, Rolf Eberhard, Radi Radeff und Heinz Grosse (v. l. n. r.), ca. 1960.

Heide Dürr, ca. 1960.

Begegnung, die der jungen Frau im Gedächtnis bleiben wird: Otto Dürr, 1,96 Meter groß, Schuhgröße 49, Freizeitruderer, optisch ein Berg von einem Mann – sie, 19 Jahre jung und grazil in ihrer Erscheinung, trägt modebewusst Jeans. Er klopft ihr zur Begrüßung mit seinen riesenhaften Händen auf die Schulter und fragt in tiefem Schwäbisch: „So Mädle, wie hoisch? Was schafft dei Vadder?" Sie schaut ihn etwas verdutzt an, lässt sich aber nicht einschüchtern und antwortet schlagfertig: „Scho' was rechts."[79]

Das junge Paar heiratet 1957 und die Hochzeitsreise führt nach Venedig – wobei die geschäftlichen Verpflichtungen auch in der Lagunenstadt nicht komplett ausgeblendet werden können, da der Gatte einen italienischen Kunden besuchen muss. Heide Dürr erfährt auf diese Weise schon früh, dass ihr Mann keinen „Nine-to-five-Job" hat, sondern sieben Tage die Woche geschäftlich am Ball bleiben will und muss. Ein knappes Jahr nach der Hochzeit kommt die erste Tochter, Nicole, zur Welt, zwei weitere Töchter, Alexandra und Karoline, werden folgen. Heide Dürr wird in den kommenden Jahrzehnten zur wichtigsten Beraterin ihres Mannes. Dabei ergänzt sich das Paar perfekt: Heide Dürr verfügt über umfassende Kenntnisse in Psychologie und hat ein feines Gespür für Menschen, das ist nicht nur in Fragen der Personalführung wichtig, sondern generell im Wirtschaftsleben, wenn wichtige Entscheidungen und Verhandlungen mit Partnern stattfinden.[80] Ihr Mann, der in seinem Beruf überall mit Menschen umgehen und diese richtig einschätzen muss, kann sich auf ihren Rat verlassen.

Begeisterter Ruderer: Otto Dürr (Zweiter von rechts) auf einer Ruderregatta, 1949.

Auch der Chef ist mit dabei (auf der Leiter): Einrichtung der Anlagen bei Ford in Genk.

EIN BAHNBRECHENDER AUFTRAG

1962 flattert ein schwieriger Auftrag bei *Dürr* herein: Die Lackiererei der Kölner *Ford*-Werke soll umgebaut werden – allerdings in nur drei Wochen. Viele Mitbewerber haben bereits abgewunken und auch die *Dürr*-Ingenieure sind zunächst skeptisch. Doch Heinz Dürr nimmt die „Mission impossible" an. Unter Aufbietung aller verfügbaren Kräfte

gelingt tatsächlich eine termingerechte und korrekte Auftragsabwicklung. Diese Leistung spricht sich in der deutschen Automobilbranche herum und ist eine wertvolle Werbung. *Dürr* wird dafür bekannt, auch schwierigste Aufträge übernehmen und managen zu können, bei denen die Konkurrenz oft dankend ablehnt.[81]

Das *Ford*-Projekt ist richtungsweisend, denn es bedeutet für *Dürr* den Durchbruch in der Automobilbranche. Aufgrund der engen Zusammenarbeit mit den *Ford*-Technikern erfährt *Dürr* außerdem von der

Umbau bei Ford in Köln, 1962.

Umstellung auf wasserlösliche Lacke, die in den USA geplant wird. Heinz Dürr wittert nun die Chance für sein Unternehmen, eine bahnbrechende Innovation in der Oberflächentechnik einzuführen, packt gemeinsam mit seinem Ingenieur Carl Eugen Metzger die Koffer und reist in die USA. Die beiden geben sich als interessierte Besucher aus, schauen sich die ersten Pilotanlagen bei *Ford* in Michigan an und gewinnen noch weitere Informationen vor Ort hinzu. Fotos dürfen sie natürlich keine machen, aber sie fertigen nach ihrer Rückkehr gleich Musterzeichnungen nach den Eindrücken der neuen Anlagen an. Auf Grundlage der erworbenen Kenntnisse entwickeln sie 1963 unter strengster Geheimhaltung eine erste Pilotanlage für das neuartige Beschichtungsverfahren Elektrophorese (kurz „EpV"). Und es ist kaum erforderlich, bei den Automobilherstellern für das neue Verfahren Werbung zu machen. Als zwei *Daimler*-Vorstände zu Besuch sind und die neuartige Anlage sehen, sind sie sofort begeistert. Innerhalb eines Jahres ist *Dürr* zum wichtigen Zulieferer für die Automobilbranche geworden. Und die nächsten Aufträge sollen nicht lange auf sich warten lassen.

Bei einem Folgeauftrag für *Ford* im belgischen Genk gelingt *Dürr* mit dem EpV-Verfahren endgültig der Durchbruch. Ursprünglich hatte *Ford* ein konventionelles System bestellt, entscheidet sich aber noch während der Konstruktionsphase um und gibt den Bau einer Anlage für das neuartige Beschichtungsverfahren in Auftrag. Daraufhin installiert *Dürr* die bis dahin größte elektrophoretische Karosserietauchlackierlinie Europas. Mit der erfolgreichen Finalisierung des *Ford*-Projekts entwickelt sich *Dürr* zum führenden Hersteller von Lackieranlagen für die Automobilindustrie in Europa.[82]

Das Dürr-Team beim Ford-Projekt, ganz rechts: Heinz Dürr, 1962. Dürr-Tauchlackieranlage in Genk. (unten)

VON STUTTGART IN DIE WELT – DÜRR FOLGT SEINEN KUNDEN

1964 erreicht Otto Dürr ein kurzes Telegramm von seinem Sohn aus Brasilien. Es ist aber kein Urlaubsgruß von der Copacabana, sondern ein klarer Auftrag: „Müssen eine Firma gründen! Schick Kees[83] und 20.000 Schweizer Franken!"[84] Die Botschaft ist klar, Otto Dürr zögert nicht und schickt das Geld – und Heinz Dürr gründet

ELEKTROPHORETISCHE TAUCHLACKIERUNG

Das elektrophoretische Verfahren zur Lackierung von Metallteilen gilt als bedeutende technische Innovation in der industriellen Behandlung von Oberflächen. Bei diesem elektrochemischen Prozess erhalten die Metallteile in einem mit Lack gefüllten Tauchbecken unter Strom ihre Grundierung. Durch diese Art der Behandlung werden alle Teile gleichmäßig beschichtet, zudem bilden sich kaum Läufer, Tropfen oder Lackwülste. Darüber hinaus lässt sich die Lackschichtstärke variabel gestalten und der elektrisch leitfähige, wasserlösliche Lack ist nicht nur sparsamer im Verbrauch, sondern auch weniger gesundheitsschädlich und feuergefährlich. Die elektrophoretische Tauchlackierung hat sich insbesondere in der Automobilindustrie als wirksames Korrosionsschutzverfahren schnell durchgesetzt. Heute ist das Verfahren besser unter der Abkürzung „KTL" (kathodische Tauchlackierung) bekannt.

Noch in etwas kleinerer Dimension: EpV-Testanlage.

die erste Auslandsniederlassung des Unternehmens.

Die großen Automobilhersteller haben *Dürr* mit seinen Anlagen seit Anfang der 1960er-Jahre fest auf dem Radar. Und da die Branche zu jener Zeit ihre Produktionsstrukturen globalisiert, muss auch *Dürr* die Anforderungen der ausländischen Standorte erfüllen, die entsprechenden Anlagen bauen, liefern und den Vor-Ort-Service dazu anbieten können.[85] Der „Sprung" über den Atlantik ist also konsequent im Sinne des *Dürr*'schen Selbstverständnisses von Kundennähe. Es entspricht zudem grundsätzlich Heinz Dürrs Maxime, am besten dort zu produzieren, wo auch die benötigten Facharbeiter verfügbar sind.

Der erste Schritt ins Ausland führt *Dürr* nach Brasilien, wo *VW* bereits in der Region São Paulo eine Fabrik hat und 500 Autos pro Tag vom Band laufen. Für 100 Millionen US-Dollar soll das Werk ausgebaut werden und die Wahl für den Lieferanten der neuen Lackierlinie fällt auf *Dürr*. Dabei hat der Autokonzern offenbar großes Vertrauen, denn der Bau der Lackierstraße ist für *Dürr* Neuland. Man kennt sich zwar gut mit Tauchlackieranlagen aus, hat jedoch bis zu diesem Zeitpunkt noch nie Spritzkabinen, geschweige denn eine komplette Lackiererei gebaut. Trotzdem ist Heinz Dürr entschlossen, mit der Unterstützung weiterer Partner die Herausforderung anzunehmen – das hohe Auftragsvolumen, das mehr als dem Doppelten des damaligen Jahresumsatzes von *Dürr*

BLICKWINKEL HEINZ DÜRR: ÜBER INNOVATIONEN

Was waren die bedeutendsten Innovationen, die *Dürr* hervorgebracht hat?

Heinz Dürr: Für den Erfolg in den 1960er- und 1970er-Jahren war die elektrophoretische Tauchlackierung sicher die entscheidende Innovation – also die Tauchlackierung unter Strom. Das habe ich damals nicht selbst entwickelt, aber das Potenzial erkannt und aufgegriffen. Ich habe mit meinen Leuten gesprochen und gefragt: „Könnt ihr so was machen?" Die Antwort lautete: „Ja, Konzepte gibt es ja in England und den USA." Dann haben wir eine solche Pilotanlage in unserem Werk gebaut. Ich weiß noch, da kam ein Vorstand von Daimler mit seinem Werksleiter, die haben sich die Versuchsanlage angeschaut und gesagt: „Das ist ja klasse, was Sie da machen. Was kostet denn so was?" „500.000 D-Mark", sagte ich. „Liefern Sie die Anlage nach Sindelfingen!" Das wurde gemacht und danach die gleiche Anlage nochmals gebaut. Man kann sagen, dass ich dieser Innovation so zum Durchbruch verholfen habe, und diese Innovation uns wiederum zum Durchbruch als technologisch führendes Unternehmen der Branche verholfen hat. Wir konnten die Technik dann noch weiter verbessern. Später wurden die Lackierroboter für uns zu einem großen innovativen Schritt. Das war zu der Zeit, als wir an die Börse gegangen sind, weil wir das Geld brauchten, um in diese technologische Entwicklung investieren zu können.

entspricht und finanziell neue Spielräume schaffen würde, ist dabei natürlich ein besonderer Anreiz.[86] So wird am 11. Dezember 1964 *Dürr do Brasil* gegründet. Die brasilianischen Firmen *Gema S.A.* und *Erfa S.A.* werden Minderheitsgesellschafter und ihre leitenden Ingenieure Carlos Wiegand (*Gema*) und Sergius Erdelyi (*Erfa*) übernehmen bei *Dürr do Brasil* Verantwortung.

Bevor die Arbeit beginnen kann, muss aber zunächst die Finanzierung gesichert sein. Ein nicht ganz unerhebliches Problem: Für *Dürr* stellt es sich bereits als schwierig heraus, rund 500.000 D-Mark als Bankbürgschaft zu bekommen, denn hinreichende Sicherheiten kann die Firma noch nicht bieten. Den Großbanken ist das geplante Projekt generell zu gewagt, und die Vergabe von Risikokapital ist erst Jahrzehnte später üblich. In diesem Fall ist es aber die lange, vertrauensvolle Beziehung zwischen den Dürrs und einer kleineren Bank aus der Region, der genossenschaftlichen *Feuerbacher Volksbank*, die das Vorhaben schließlich doch ermöglicht.[87] Die dort Verantwortlichen kennen den Seniorchef gut, wissen um dessen Vertrauenswürdigkeit und glauben an eine erfolgreiche Zukunft des Familien-

Die Belegschaft bei Dürr do Brasil, ca. 1965.

unternehmens. Zudem sind die zuständigen Entscheider bei der *Feuerbacher Volksbank* der Meinung, dass Brasilien ohnehin „im Kommen" sei und bewilligen deshalb die erforderlichen Finanzmittel.[88] Sie sollten mit dieser Entscheidung goldrichtig liegen – ein Glücksfall für alle Beteiligten, wie auch Heinz Dürr rückblickend feststellt: „Ein ganz wichtiges Ereignis war unser erster Großauftrag in Brasilien für eine komplette Lackiererei. Da waren wir unglaublich risikobereit – ich habe Zweifel, ob das heute durch das Risikomanagement gehen würde."[89]

Das gewagte Unternehmen gelingt: 1967, nur drei Jahre nach ihrer Gründung, arbeiten bereits 160 Mitarbeiter für die brasilianische Tochtergesellschaft. Sie hat ein eigenes technisches Büro, das personell hervorragend aufgestellt ist und Lösungen auch für spezielle Kundenwünsche entwickelt. Bereits wenige Jahre nach der Gründung liefert *Dürr do Brasil* fast alle wichtigen Lackieranlagen für die brasilianischen Werke von *VW*, *Daimler-Benz*, *Ford*, *General Motors* und *Willys-Overland*. 1967 erhalten in Brasilien rund 80 von 100 neuen

BLICKWINKEL HEINZ DÜRR:
ÜBER DIE ERSTE GLOBALE EXPANSION

Die wenigsten hatten *Dürr* den ersten großen Schritt der globalen Expansion zugetraut. War die damalige Unterschätzung ein Vorteil, den Sie nutzen konnten?

Heinz Dürr: Die Konkurrenz hat uns in der Tat unterschätzt. Es gibt sie heute alle nicht mehr. Als wir den ersten großen Auftrag bekommen haben, da sind Vorstände der Konkurrenz bei uns in Zuffenhausen in einem alten Sägewerk, wo wir gearbeitet haben, vorbeigefahren und meinten: „Den Auftrag übersteht er nicht." Von uns war das Ganze aber wohlüberlegt. Ich wurde vom damaligen *VW*-Vorstand einbestellt, nachdem dieser vorher bereits mit meinem Vater gesprochen hatte, und er sagte zu mir: „Dürr, wir brauchen eine komplette Lackiererei in Brasilien." Darauf musste ich ihm entgegnen: „Aber eine komplette Anlage habe ich noch nie gebaut." Er meinte: „Dann müssen Sie sich die Zeichnungen beschaffen. Bauen Sie mir die Anlage in Brasilien." Das war schon ein Risiko. Aber ich wollte den Auftrag und wir gründeten in São Paulo eine Firma. Und so haben wir das dann geschafft. Brasilien war damals schon ein riesiger Markt. Zudem konnten wir den Beweis erbringen, dass wir auch für große Projekte der richtige Partner sind.

Hat Otto Dürr Ihre globalen Expansionsbestrebungen wohlwollend begleitet oder gab es damals eine Art Vater-Sohn-Konflikt?

Heinz Dürr: Nein. Ein Freund der Familie meinte zu mir: „Dein Vater weiß, dass er durch dich reich geworden ist." Wir waren ja vorher eine kleine Bude und er konnte sich finanziell nicht viel erlauben. In Brasilien war ich ohnehin mein eigener Herr. Aber auch später hat er mir nicht groß reingeredet.

VW-Fabrik in Brasilien
mit modernen Dürr-Anlagen.

Automobilkarosserien ihre Beschichtung in einer Anlage „made by Dürr".[90]

Die Internationalisierung des Unternehmens bringt eine Reihe weiterer Vorteile mit sich, die Heinz Dürr frühzeitig erkennt: Produkte können vor Ort verkauft werden, wodurch die Kosten für die Logistik deutlich reduziert werden und die Produktion insgesamt kosteneffizienter ablaufen kann. Es hat aber auch den Vorteil, dass in Ländern, die ihre Wirtschaft durch hohe Einfuhrzölle schützen, ausländische Anbieter eher akzeptiert werden, wenn durch die Produktion vor Ort Arbeitsplätze entstehen. Damit sind

weitere Auslandsgründungen vorgezeichnet. Als weiterer Schritt der internationalen Expansion folgt 1966 die Gründung einer Tochtergesellschaft im mexikanischen Naucalpan (*Interfinish S.A. de C.V. México*).[91] *Volkswagen* ist hier bereits seit zwei Jahren mit einer Produktionsstätte aktiv und *Dürr* bleibt der Strategie treu, sich an langjährigen Kunden zu orientieren. Die Firma in Mexiko wird von Reinhold Dürr geleitet. Dieser betreibt zwar zu jener Zeit eine Kartbahn in München, doch Heinz Dürr braucht vor Ort jemanden aus der Familie, auf den er sich absolut verlassen kann. Denn *Volkswagen* hat eine

CAROLINA DE OLIVEIRA SILVA arbeitet bei *Dürr Brasil* in São Paulo – wie auch schon ihr Vater und ihr Großvater.

BLICKWINKEL CAROLINA DE OLIVEIRA SILVA

Ihr Großvater und Ihr Vater haben ihr Arbeitsleben bei *Dürr Brasil* verbracht. Warum sind Sie diesem Beispiel gefolgt? Was bedeutet das Unternehmen für Ihre Familie?

Carolina de Oliveira Silva: Ich bin mit den Geschichten meines Großvaters aufgewachsen. Er erzählte davon, wie es war, bei *Dürr* zu arbeiten, wie die Maschinen und die Montage vor 30, 40 Jahren aussahen. Und dann berichtete mein Vater, wie sich das Unternehmen entwickelte und wie sich die Prozesse veränderten. Er zeigte mir neue Produkte und erläuterte ihre Funktionen. Diese Geschichten machten mich immer neugierig. Ich wollte erfahren, worum genau es dabei ging. Als *Dürr* die Türen für die Mitarbeiterfamilien öffnete, war ich fasziniert von den Maschinen, die das Unternehmen produzierte. In diesem Moment beschloss ich, dass ich bei *Dürr* arbeiten wollte. Also widmete ich mich dem Lernen, bis ich eines Tages eingeladen wurde, Teil des *Dürr*-Teams zu sein – als dritte Generation in meiner Familie. In diesem Moment tauchte ich in all die Geschichten ein, die mein Vater und mein Großvater erzählt hatten. Die Firma, die für die beiden wichtig war, um persönliche und berufliche Ziele zu erreichen, wurde nun auch Teil meiner Geschichte.

hohe Anzahlung für einen Auftrag im Werk Puebla geleistet. Reinhold Dürr ist die ideale Vertrauensperson, die vor Ort die Zügel in der Hand hält und den Aufbau koordiniert. Er bleibt auch in den kommenden Jahren eine wichtige Stütze für das Unternehmen, geht zwischenzeitlich nach Brasilien und später in die USA, wo er Mitglied der dortigen Geschäftsführung wird.[92]

Im November 1967 kann die erste komplette *Dürr*-Lackierstraße im mexikanischen Puebla in Betrieb genommen werden – im neuen Werk von *VW de México*. Innerhalb der kommenden zehn Jahre erhält *Dürr* Aufträge für den Bau weiterer sechs kompletter

Interfinish-Anlage in Mexiko, ca. 1970.

Otto, Heinz und Reinhold Dürr (v. l. n. r.) in den 1960ern.

Lackierstraßen für Automobilkarosserien in Mexiko. Hinzu kommt eine beträchtliche Zahl kleiner bis mittlerer Vorbehandlungs- und Lackieranlagen für verschiedenste Zweige der mexikanischen Industrie.[93]

Während der Sprung über den Atlantik also gelingt, hat *Dürr* mittlerweile Kunden in ganz Europa: Ende der 1960er-Jahre kann das Unternehmen mit einem Auftrag von *Rover* – zu dieser Zeit einer der größten und renommiertesten britischen Automobilhersteller – endlich Fuß auf dem umkämpften britischen Markt fassen. Doch ein anderer internationaler Auftrag ist von viel größerer Tragweite: *Dürr* und der russische Automobil-

WIRTSCHAFTLICHER AUFSCHWUNG IM SCHATTEN DES KALTEN KRIEGS: DAS BEISPIEL BRASILIEN

Nach dem Ende des Zweiten Weltkriegs wird die globale Politik bis zum Untergang der Sowjetunion vor allem vom Ost-West-Gegensatz geprägt. Viele Staaten der „Dritten Welt" versuchen, als blockfreie Parteien zwischen diesen Polen zu taktieren, um wirtschaftlich Anschluss an die reichen Industrienationen zu finden. Insbesondere die USA fördern dabei weltweit Staaten, die sich als Gegner des Kommunismus präsentieren. Doch bei der Unterstützung geht es vor allem um Machtpolitik, Menschenrechte und Demokratie spielen bestenfalls eine Nebenrolle. Auch bei der Expansion westlicher Unternehmen in diese neuen Märkte klafft oft eine deutliche Lücke zwischen den Freiheitsversprechen des Westens und der Realität autoritärer Regime.

Ein solches Beispiel ist Brasilien, wo *Dürr* seine erste Auslandsniederlassung gründet. 1964 hatte das Militär sich mit Unterstützung der USA unblutig an die Macht geputscht und mit der Verfassung von 1967 ein scheindemokratisches Regime aufgebaut. Die Militärs bemühen sich um einen Modernisierungskurs, bauen Straßen und Wasserkraftwerke und locken damit ausländische Investoren an – und tatsächlich boomt die Wirtschaft in den 1970ern. Doch der Aufstieg ist teuer erkauft: Das Land ist abhängig von US-Krediten. Während sich die Generäle an der Staatsspitze abwechseln, verschwinden unliebsame Oppositionelle in Foltergefängnissen. Hunderte Menschen werden ermordet, Tausende gefoltert und unterdrückt.

In den 1980ern wachsen die wirtschaftlichen Probleme und der Widerstand gegen das Regime. Schließlich können auch Repressionen die Diktatur nicht aufrechterhalten: 1985 gibt es freie Wahlen. Brasilien ist wieder demokratisch.

Gleicher Kunde, anderes Land:
Lackierstraße bei VW in Puebla, Mexiko, 1967.

hersteller *Moskwitsch* nehmen eine gemeinsam gebaute EpV-Karosserietauchlackieranlage in Moskau erfolgreich in Betrieb. Zur Zeit des Kalten Kriegs und der Abschottung des Ostblocks vom Westen ist diese wirtschaftliche Ko-operation alles andere als selbstverständlich. Und auch die Geschäftszahlen des Jahres 1968 stimmen optimistisch: Insgesamt sind bei *Dürr* 1.359 Menschen beschäftigt, davon allein 209 in Brasilien (12,1 Millionen D-Mark Umsatz) und 90 in Mexiko (4,9 Millionen D-Mark Umsatz). Der Jahresgesamtumsatz beträgt 73 Millionen D-Mark, wovon 18 Millionen D-Mark im Ausland erwirtschaftet werden.[94]

„GLEICH OB 40 ODER 10.000 KM ZWISCHEN IHNEN LIEGEN" – DIE DÜRR-ZEITUNG ERSCHEINT

Die Internationalisierung stellt das Unternehmen auch intern vor Heraus-forderungen: Denn alle *Dürr*-Mitarbeiter sollen weltweit die gleichen Werte leben, die das Unternehmen so erfolgreich gemacht haben. Als Antwort darauf gibt es 1967 die erste Dürr-Zeitung für die Mitarbeiter. Heinz Dürr hat darin eine eigene Rubrik mit dem Titel „Aus dem III. Stock", in dem die Geschäftsführung der Firma sitzt. Die Idee zum Mitarbeitermedium fasst er in der ersten Ausgabe zusammen: „Sie alle haben miterlebt, wie unsere Firma in den letzten Jahren gewachsen ist, wie sie Töchter bekommen hat und welcher Ruf uns vorauseilt. Gleichzeitig sind es immer mehr Menschen geworden, die in unserer Gruppe arbeiten, Menschen, die nicht nur in Stutt-gart, sondern in allen Teilen der Welt tätig sind. Der Sinn der Zeitung wäre voll erfüllt, wenn sie dazu beitragen könnte, dass die Mitarbeiter unserer Gruppe untereinander besser informiert sind und immer füreinander Ver-ständnis aufbringen, gleich ob 40 oder 10.000 km zwischen ihnen liegen."[95]

Titelseite der ersten Dürr-Zeitung.

AUSBAU ZUR DÜRR-GRUPPE

An einem heißen Sommertag um 1970 steigen einige *Dürr*-Mitarbeiter in ein großes Wasserbecken. Ihr einziges Kleidungsstück ist die Badehose und auch der Chef Heinz Dürr ist mittendrin. Sie untersuchen aufmerksam die im Becken angebrachten Düsen und die Szene erinnert ein wenig an einen Betriebsausflug bei *Dürr*. Doch an Freizeit denken die Männer in Badehose überhaupt nicht, denn sie werden kritisch von einem Kunden beäugt. Die *Dürr*-Ingenieure stehen in einem neuartigen industriellen Waschautomaten, den sie für *Daimler-Benz* hergestellt haben. Die *Daimler*-Ingenieure sind jedoch kritisch: Sie streichen mit weißen Handschuhen über gereinigte Autoteile, um die Qualität der Reinigung zu überprüfen. Als sie kleinste Schmutzrückstände finden, kommt es zur Reklamation – und das *Dürr*-Team steigt in Badehose in den Waschautomaten, um die Reinigungsdüsen zu überprüfen. Tatsächlich ist der Druck auf einigen Düsen zu schwach und so entwickelt man kurzerhand ein neues Quetschdüsensystem. Die Reinigungsergebnisse verbessern sich, der Kunde ist zufrieden.

Konsequent verfolgt *Dürr* seit Mitte der 1960er-Jahre die Strategie, das Produktspektrum in der Lackiertechnik zu komplettieren und um verwandte Bereiche zu erweitern. Ziel ist es, den Kunden aus der Automobilindustrie alle Technologien zu liefern, die für eine komplette Lackiererei erforderlich sind. Durch verschiedene Beteiligungen, Kooperationen und Firmenzukäufe soll die Entwicklung zum internationalen „Systemhaus" ermöglicht werden. So entstehen Kooperationsverträge mit dem französischen Unternehmen *Tunzini*, das über wertvolles Know-how auf dem Gebiet der Spritzkabinenkonstruktion verfügt, und *DeVilbiss*, einem Hersteller von Sprühlackiervorrichtungen aus den USA. Beide Koopera-

Dürr-Servicemitarbeiter unterwegs, 1970er, (oben)
Dürr-Bandwaschautomat, ca. 1970.

tionen ermöglichen die Entwicklung von *Dürr* zum Systemanbieter sowie die beabsichtigte Ausweitung des Geschäfts mit Osteuropa und der Sowjetunion. Im März 1966 wird die *Otto Dürr AG* mit Sitz in Winterthur als Vertriebsgesellschaft für den schweizerischen Markt gegründet. Ein Jahr später erwirbt *Dürr* eine Mehrheitsbeteiligung an einem in Bergisch Gladbach beheimateten Hersteller von Lackier- und Lufttechnik: der *Hager + Weidmann AG*, mit der man Spezialwissen auf dem Gebiet der Lacktrocknertechnik hinzugewinnt.[96] Heinz Dürr will mit diesen Schritten dazu beitragen, sein Unternehmen zukunftsfähig zu machen. Er ist sich sicher, dass in einer zunehmend technisierten Welt nur noch derjenige bestehen kann, der rechtzeitig seine Entwicklungs-, Produktions- und Vertriebspotenziale ausbaut.[97]

Dürr-Konstruktionsbüro in Monschau, ca. 1972.

Mit der Übernahme der 1966 in Konkurs gegangenen Firma *Winkhold* in Walheim will *Dürr* seine Kompetenz bei Waschautomaten ausbauen. Bereits vier Jahre nach dieser Übernahme ist eine Erweiterung der Fertigungskapazitäten unumgänglich, da sich die Reinigungsmaschinen der Marke *Dürr Ecoclean*, insbesondere Spezialanfertigungen für den industriellen Gebrauch, sehr gut verkaufen. Dafür stehen zwei Varianten zur Diskussion: das Werk in Walheim ausbauen oder auf der sprichwörtlichen grünen Wiese eine neue Fabrik errichten. Die Geschäftsführung entscheidet sich für Letzteres, da man in Monschau in der Nähe der Grenze zu Belgien ein Grundstück gefunden hat, das sich ideal für die Errichtung eines großen und leicht zu erweiternden Zweigwerks eignet. Im August 1970 unterzeichnet Heinz Dürr den Kaufvertrag für das Gelände, bereits neun Monate später beginnen dort 90 *Dürr*-Mitarbeiter mit der Produktion der Maschinen. Einer der ersten Kunden der Waschautomaten aus dem neuen Werk ist schließlich *Daimler-Benz*.

Die Lackier-, Trocken- oder Waschanlagen verkaufen sich längst in die ganze Welt. Um dennoch den bewährten Kundenservice zu garantieren, richtet *Dürr* in der Zentrale in Stuttgart Ende der 1960er-Jahre eine eigene Abteilung für Kundendienst ein. Innerhalb von fünf Jahren wächst diese von 3 auf über 30 Mitarbeiter an, die pro Jahr durchschnittlich 1.800 Aufträge bearbeiten. Die *Dürr*'schen Kundendienstmitarbeiter sind oft in ganz Europa, teilweise sogar in Nordafrika vor Ort: in Marokko und Algerien, in Schweden, Dänemark, Belgien, Holland, Österreich, Ungarn, Finnland, Portugal und – trotz des Kalten Kriegs – sogar in der Sowjetunion, Jugoslawien und der Tschechoslowakei.[98]

DÜRR-TOCHTERGESELLSCHAFTEN UND VERBUNDENE FIRMEN (STAND: JULI 1968)[99]

- Otto Dürr & Co., Maulburg: Blechbearbeitung
- Otto Dürr OHG, Ochsenbach: Verfahrenstechnische Anlagen
- Otto Dürr, Zweigniederlassung Bergisch Gladbach: Lackier- und Lufttechnik
- Otto Dürr, Zweigniederlassung Walheim: Metallwaschanlagen, Waschautomaten
- Hager + Weidmann AG, Bergisch Gladbach: Vertrieb für Standardprodukte
- Tunzini Klimatechnik GmbH, Bensberg-Refrath: Heizungs-, Klima-, Lüftungs- und Sanitäranlagen
- ECM Gesellschaft für elektrochemische Materialbeschichtung GmbH & Co. KG, Frankfurt a. M.: Oberflächentechnik
- Ingenieurgesellschaft für Heizung, Lufttechnik, Rohrleitungsbau mbH, München: Heizungs- und lufttechnische Anlagen
- Otto Dürr AG, Winterthur (Schweiz): Anlagen für Oberflächentechnik
- Otto Dürr Anlagen für Oberflächentechnik GmbH, Wien (Österreich): Anlagen für Oberflächentechnik
- DeVilbiss-Dürr-Tunzini Ltd., Bournemouth (Großbritannien): Anlagen für Oberflächentechnik
- Interfinish S.A., Paris (Frankreich): Anlagen für Oberflächentechnik
- Dürr do Brasil S.A., São Paulo (Brasilien): Anlagen für Oberflächentechnik, Produktion „ODS"-Programm[100]
- Soltronic Ltda., São Paulo (Brasilien): Produktion Widerstandsschweißmaschinen
- Poligal Ltda., São Paulo (Brasilien): Kunststoffverarbeitung
- Interfinish S.A. de C.V., Naucalpan de Juarez (Mexiko): Produktion „ODS"-Programm

Vater und Sohn, 1970.

AUF DEM WEG
ZUM WELTMARKTFÜHRER –
HEINZ DÜRR ÜBERNIMMT

1969 übernimmt Heinz Dürr offiziell die Geschäftsführung des Unternehmens von seinem unterdessen 65 Jahre alt gewordenen Vater. Die Erfolge der vorangegangenen Jahre sind durch die Teamarbeit zwischen Vater und Sohn sowie den Führungskräften in den mittlerweile zahlreichen Tochtergesellschaften möglich geworden. Das Unternehmen hat sich mit 35 Prozent Marktanteil zum größten Hersteller von Lackieranlagen in Deutschland entwickelt. Jedes zweite elektrophoretisch lackierte Automobil der Welt erhält seine Beschichtung in einer *Dürr*-Anlage. Eine positive Bilanz, aber Heinz Dürr gibt sich wie immer nicht zufrieden mit dem Erreichten: Er arbeitet bereits an der Verwirklichung seiner Vision für die kommenden Jahre und beabsichtigt, noch stärker in zukunftsweisende technologische Entwicklungen zu investieren und mehr Kooperation auf allen Ebenen des Unternehmens zu ermöglichen. Dabei ist ihm

Das Dürr-Werk in Plymouth, USA, Anfang der 1970er.

durchaus bewusst, dass alle zukünftigen Projekte auf dem soliden geschäftlichen Fundament aufbauen müssen, das die beiden vorangegangenen Generationen des Familienunternehmens geschaffen und gesichert haben. Dies steht auch nicht im Widerspruch zu Heinz Dürrs unternehmerischer Einstellung, denn er neigt ohnehin dazu, die Firma „evolutionär" – weniger durch radikale Brüche – weiterzuentwickeln.

So setzt Heinz Dürr den Weg der Internationalisierung konsequent fort: 1970 werden die Tochtergesellschaften *Dürr Industries Inc.* in Plymouth (Michigan, USA) und 1971 *Dürr Ltd.* in Warwick bei Birmingham (UK) gegründet. Die Möglichkeit zum Einstieg in den US-amerikanischen Markt ergibt sich, als der Kooperationspartner *DeVilbiss* die Fertigung von Anlagen für Oberflächentechnik in Detroit aufgibt und *Dürr* diese Sparte übernehmen kann. Mitentscheidend ist, dass der nordamerikanische Markt die Fertigung vor Ort verlangt.

BLICKWINKEL DAVE MEYNELL

Dürr USA feierte 2020 seinen 50. Geburtstag: Woran erinnern Sie sich am liebsten, wenn Sie an Ihre Karriere bei *Dürr* zurückdenken?

Dave Meynell: Was mich beim Blick auf meine 38-jährige Karriere bei *Dürr* in den USA mit großer Zufriedenheit erfüllt, ist, dass ich dabei mitgewirkt habe, die Firma aus ihren bescheidenen Anfängen im Jahr 1970 zu einem führenden Anbieter von Automobillackieranlagen auf dem amerikanischen Markt zu entwickeln. *Dürr* ist über Jahre hinweg gewachsen und ist nun eine Organisation mit vielen Bereichen. Es war immer mein Traum, diese alle unter ein Dach zu bringen, unsere Fähigkeiten zu optimieren und unsere Marktposition zu stärken. Mit der Schaffung des *Dürr*-Campus in Detroit ist das nun Realität geworden.

Wenn ich ein wichtiges Ereignis nennen soll, das mir besonders im Gedächtnis geblieben ist, dann ist es folgendes: Im Jahr 2003 bestellte *General Motors* bei uns drei schlüsselfertige Lackieranlagen im Paket, die gleichzeitig in den USA und in Kanada gebaut werden sollten. Es war der größte Einzelauftrag, den *GM* jemals für Produktions-Equipment erteilt hat, und zugleich der größte, den der *Dürr*-Konzern je erhalten hat. Das war ein wichtiger Meilenstein und eine Bestätigung unserer Marktführerschaft.

DAVE MEYNELL stieß in den 1970er-Jahren zu *Dürr* und leitete über viele Jahre das Nordamerikageschäft.

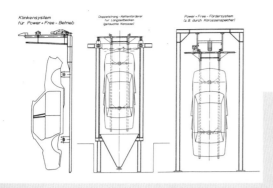

KAROSSERIEN GEHEN SENKRECHT BADEN –
DAS VERTAK-VERFAHREN

Seit Ende der 1960er-Jahre arbeiten *Dürr*-Ingenieure an einer Neuentwicklung für die Oberflächenbehandlung von Karosserien – dem sogenannten VERTAK-Verfahren (Akronym für: Vertikales Tauchen von Automobil-Karosserien). Im Hinterhof des Stuttgarter Firmengeländes errichtet das Entwicklerteam eine erste Pilotanlage, die – so gut es angesichts der Größe der Anlage möglich ist – vor neugierigen Blicken geschützt wird, da man mit Industriespionage rechnen muss. Bereits im Juli 1969 kann VERTAK zum Patent auf Heinz Dürr angemeldet werden. Das optisch spektakuläre Verfahren liefert beim Korrosionsschutz von Innenräumen ausgezeichnete Ergebnisse und *Dürr* präsentiert seine neueste Innovation auf internationalen Fachmessen in Chicago und Monaco. Nun wird auch in Fachzeitschriften über das VERTAK-Verfahren berichtet: So widmet u. a. das „Journal für Oberflächentechnik" dem Thema unter der Überschrift „Vertikal gleich optimal?" eine Titelgeschichte. In dieser wird darauf hingewiesen, dass *Dürr* mit dem neuen Verfahren auch einem Trend in der Automobilbranche Rechnung trägt: Immer mehr Kunden legen großen Wert darauf, dass ihr Fahrzeug eine lange Lebensdauer hat und besser vor Korrosion geschützt ist.[101] 1973 installiert *Dürr* bei *BMW* in Dingolfing eine Tauchanlage nach dem VERTAK-Verfahren. Die *Bayerischen Motorenwerke* gelten als besonders innovationsfreudig und bestellen noch weitere Anlagen dieser Art. *Dürr*s langjähriger japanischer Geschäftspartner *Nihon Parkerizing* erwirbt 1974 eine Lizenz für das VERTAK-Verfahren. Allerdings bestellt sonst nur *Audi* eine Anlage für sein Werk in Neckarsulm. Der kommerzielle Durchbruch bleibt im Fall VERTAK aus, was vorrangig damit zusammenhängt, dass das Verfahren sich nur für begrenzte Stückzahlen (30 Karosserien pro Stunde) und weniger für die Großserienfertigung eignet.[102]

Zudem geht Heinz Dürr davon aus, dass es zu diesem Zeitpunkt kein US-amerikanisches Unternehmen gibt, das von der Größe her mit *Dürr* konkurrieren kann, und man sich zudem als innovationsstarkes Unternehmen schnell eine gute Position in den USA erarbeiten kann. Mit dieser selbstbewussten Herangehensweise wird er Erfolg haben.

In Großbritannien liegen bereits zum Zeitpunkt der Firmengründung in Warwick Aufträge vor: Für *Rover* soll eine komplette Lackiererei für Pkw-Karosserien und Anbauteile entstehen. 1971 folgt mit *Dürr South Africa Ltd.* in Johannesburg der nächste Schritt der globalen Expansion. Gleich zu Beginn wird mit den Konstruktionsarbeiten für eine Lackiererei bei der südafrikanischen Tochtergesellschaft von *Volkswagen* begonnen.

Imposanter Anblick: erste Versuche für VERTAK, 1969.

Die Luftverschmutzung ist auch heute noch ein zentrales Problem in der japanischen Hauptstadt: Blick über Tokio, 2019.

ZUKUNFTSTHEMA UMWELTSCHUTZ

Als Heinz Dürr auf einer Geschäftsreise Japan besucht, ist er fassungslos: Aufgrund der hohen Luftverschmutzung sehen sich die Menschen in Tokio gezwungen, einen Mundschutz zu tragen. Ihm ist klar, dass das städtische Leben der Zukunft so nicht aussehen darf. Vielmehr muss es Lösungen für eine Verbesserung der Luftqualität geben. Gleichzeitig erkennt er aber auch eine unternehmerische Chance, sich als erstes Unternehmen des Themas Umweltschutz anzunehmen und sich damit von den Wettbewerbern zu unterscheiden.[103]

So wird 1968 in der Stuttgarter Entwicklungsabteilung bei *Dürr* eine Planungsgruppe Umweltschutz eingerichtet, die sich mit umweltschonenden Lösungen zur Luftreinhaltung, Abwasserbeseitigung und Energieversorgung in der Planung von Lackiersystemen befasst. Erstes umwelttechnisches Projekt ist die Entwicklung von Trocknern mit eingebauter Abluftreinigung für die Lackieranlagen der Automobilhersteller. Der Gedanke dahinter: Bei Wärmeeinwirkung auf beschichtete Karosserien werden Lösemittel freigesetzt, die wegen Explosionsgefahr bzw. aus Unfallverhütungsgründen über das Dach abgeführt werden müssen. Die austretende Abluft ist für Mensch und Umwelt schädlich und sollte daher gereinigt werden. Im Februar 1969 reicht *Dürr* sein erstes Patent in derAblufttechnik ein. Wenige Monate später folgen weitere Patentanträge auf diesem Gebiet, wie etwa für den „Lufterhitzer Type NLE-AK mit Abluftverbrennung".[104]

Der Bereich Umwelttechnik entwickelt sich gut:
1982 wird die 300. Abluftreinigungsanlage verkauft.

WACHSTUM UND SICHERHEIT DURCH DIVERSIFIZIERUNG – EINSTIEG IN DEN ANLAGEN-BAU FÜR DIE HOLZINDUSTRIE

Dürr hat im Bereich Umweltschutz einen Trend der Zeit frühzeitig erkannt: Denn in den 1970er-Jahren beginnt die Bundesregierung, gesetzliche Vorgaben für den Umweltschutz zu schaffen. Die Industrie fordert nun flexible Konzepte, die es ermöglichen, neue Anlagen an die sich verändernden Abluft- und Abgaskonditionen anzupassen. Darüber hinaus sind Ressourceneinsparungen genau der Punkt, an dem Ökonomie und Ökologie Hand in Hand gehen. Daher beschließt Heinz Dürr 1971, eine längerfristige Kooperation mit der US-amerikanischen Firma *Abcor Inc.* zu vereinbaren, um ein Verfahren zur Reinigung von Spülwasser aus EpV-Anlagen auf den Markt zu bringen. Gemeinsam entwickeln die beiden Unternehmen eine Ultrafiltrationsanlage zur Trennung von Wasser und Lack. Rund 90 Prozent der bisher üblichen Frischwasserzufuhr können mit dem neuen Konzept eingespart werden; zudem verringern sich die Kosten für Chemikalien um 60 bis 80 Prozent.[105]

Im November 1973 herrscht Geisterstimmung in der Bundesrepublik: An vier Sonntagen gehören Deutschlands Straßen den Spaziergängern und Radlern. Die Autos bleiben in den Garagen, es gilt ein allgemeines Fahrverbot. Zwar nehmen die Menschen die Zwangspause nach außen gelassen hin, aber die autofreien Sonntage lösen auch Unbehagen aus – besonders in der Wirtschaft. Was war geschehen?

Als Folge des Jom-Kippur-Kriegs 1973 mit dem Angriff Ägyptens und Syriens auf Israel versuchen die OPEC-Staaten, durch Erhöhung des Ölpreises Druck auf Israels Verbündete, insbesondere die USA, auszu-

Dürr-Holzbearbeitungsmaschine, Mitte der 1970er-Jahre.

üben. Das Ergebnis ist eine weltweite Öl-preiskrise. Die Verknappung führt zu einem „Ölpreisschock" mit gravierenden weltwirt-schaftlichen Auswirkungen. Besonders hart betroffen sind die Automobilindustrie und ihre Zulieferer.

Als Reaktion auf die Krise ist *Dürr* be-müht, sich weiter zu diversifizieren – und steigt in neue Bereiche ein: 1974 entsteht ein zunächst noch kleiner Bereich des Anlagen-baus für die Holzindustrie. Diese Abteilung wird von Reinhart Schmidt aufgebaut, der von der schwäbischen Firma *Hildebrandt* zu *Dürr* gekommen ist und später zur führen-den Kraft seines neuen Arbeitgebers auf-steigen wird. Nun kann *Dürr* auch Lösungen für die Holzbearbeitung liefern, die von einzelnen Anlagen und Maschinen bis hin zu schlüsselfertigen Systemen für die Herstel-lung von Türen, Parkettelementen, Möbeln und anderen Produkten aus Holz reichen. Die Aktivitäten des Bereichs werden später zwar wieder eingestellt, Anlagen und Maschinen für die Holzbearbeitung spielen seit der Übernahme von *HOMAG* 2014 aber wieder eine zentrale Rolle für *Dürr* und sind heute in der Division „Woodworking Machinery and Systems" zusammengefasst.

Trotz der Ölkrise entwickelt sich das Jahr 1974 positiv für *Dürr*, da das Unternehmen weltweit längst mehrere Standbeine hat: Der Anteil der Auslandsgesellschaften am Gesamtumsatz steigt auf fast 60 Prozent. Und 90 Prozent der aus dem Automobilsektor eingegangenen Aufträge kommen aus dem Ausland. Der Gesamtumsatz für das Jahr 1974 beträgt rund 156 Millionen D-Mark – eine Steigerung von über 15 Prozent im Vergleich zum Vorjahr. Hauptumsatzträger ist mit 72 Prozent die Lackiertechnik, gefolgt von der Metallreinigungstechnik mit 13 Prozent, der Umwelttechnik mit 7 Prozent, dem Blechbau (5 Prozent) und der Emailliertechnik (3 Prozent).[106]

Heinz Dürr im Gespräch mit
Franz Steinkühler von der IG Metall, 1976.

HEINZ DÜRR WIRD
GESELLSCHAFTSPOLITISCH AKTIV

Heinz Dürr hat das Familienunternehmen in kürzester Zeit auf die nächste Stufe gehoben, es international gemacht und Forschung und Entwicklung vorangetrieben. Seine Mitarbeiter fühlen sich in den Teams gut aufgehoben, erfahren Wertschätzung und die Zusammenarbeit zwischen Führungsebene und Betriebsrat ist vertrauensvoll und teilweise sogar freundschaftlich.

Es sind nicht zuletzt diese positiven Erfahrungen im eigenen Betriebsumfeld und eine Sensibilität für drängende soziale Fragen, die Heinz Dürr dazu bewegen, 1975 – im Alter von 42 Jahren – als Vorsitzender des „Verbands der Metallindustrie Baden-Württemberg" (VMI) erstmals über das Familienunternehmen hinaus Verantwortung zu übernehmen. „Ich bin kein Politiker", so Heinz Dürr, „aber ich bin gesellschaftspolitisch engagiert. Meine Überzeugung: Unternehmerisches Handeln ist in seinen Konsequenzen auch immer politisches Handeln."[107]

Heinz Dürr tritt damit die Nachfolge von Hanns Martin Schleyer an, der zum Präsidenten der Bundesvereinigung der Deutschen Arbeitgeberverbände aufgerückt ist. Die Wahl zum Vorsitzenden des VMI gibt Heinz Dürr politisches Gewicht, und Dürr ist ein durchaus meinungsstarker Kopf. Von nun an will er seine Sicht der Dinge, seine Erfahrungen als Unternehmer auch in den gesellschaftlichen Diskurs einbringen.

Seine Feuertaufe als Tarifpolitiker besteht er im Frühjahr 1976, als er für die Arbeitgeber mit der IG Metall einen Tarifabschluss mit einem Einkommensplus von 5,4 Prozent aushandelt. Von seinen Unternehmerkollegen muss er dafür einige Kritik einstecken. Langfristig hilft der Abschluss allerdings dabei, die Konjunktur wieder anzukurbeln (und er macht auch den Firmennamen *Dürr* bundesweit bekannt). In den Folgejahren entwickelt sich zwischen Heinz Dürr und Franz Steinkühler, der zu dieser Zeit noch Bezirksleiter der IG Metall in Baden-Württemberg ist, ein positives und von gegenseitiger Wertschätzung geprägtes Verhältnis, was sich als hilfreich erweist, um Kompromisse zu finden, mit denen beide Seiten leben können.[108] Und noch einen weiteren Effekt hat Heinz Dürrs gesellschaftspolitisches Engagement: Je öfter er außerhalb gebunden ist, wie etwa bei den Tarifverhandlungen 1978 mit dreiwöchigen Streiks, desto mehr realisiert er, dass *Dürr* auch ohne ihn zurechtkommt: Sein Management führt das Unternehmen in seinem Sinne weiter, Produktion und Entwicklung laufen in Zuffenhausen auch ohne seine ständige Anwesenheit.

Heide und Heinz Dürr mit
Hanns Martin Schleyer, 1977.

IM FADENKREUZ DER RAF

Heinz Dürr wird durch sein politisches Engagement als führender Arbeitgebervertreter zunehmend zu einer Person des öffentlichen Lebens. Diese Zeit wird überschattet vom Terror der RAF, der im September 1977 mit der Entführung von Hanns Martin Schleyer einen grausamen Höhepunkt erlebt. Die Aktion verfolgt das Ziel, die Freilassung der ersten RAF-Generation um Andreas Baader und Gudrun Ensslin aus dem Gefängnis in Stuttgart-Stammheim zu erzwingen. Heinz Dürr ist von der Entführung tief betroffen; Schleyer ist mehr als nur ein Bekannter – kurz vor seiner Entführung haben die beiden noch miteinander gesprochen und sich „auf ein Bier" verabredet.

Dazu soll es nicht mehr kommen. Nachdem palästinensische Terroristen die deutsche *Lufthansa*-Maschine „Landshut" mit 91 Passagieren in ihre Gewalt bringen, um die Forderungen der Schleyer-Entführer zu unterstützen, stürmt ein Kommando der GSG 9 am Flughafen von Mogadischu das entführte Flugzeug und kann die Geiseln befreien. Die RAF-Gründer in Stammheim nehmen sich noch in der Nacht in ihren Zellen das Leben – und ihre Unterstützer erschießen am nächsten Tag Hanns Martin Schleyer. Auch Heinz Dürr gerät später ins Fadenkreuz der RAF, wie ihm von der Polizei mitgeteilt wird. Er erhält Personenschutz, weiß aber um seine Pflicht, weiterzumachen und seine unternehmerischen wie gesellschaftspolitischen Aufgaben zu erfüllen. Auch für Frau und Kinder werden die Jahre des Terrors zu einer Belastung, obschon man sich an Personenschützer allmählich gewöhnt. Erst nach und nach werden in den folgenden Jahren die RAF-Terroristen im Untergrund aufgespürt und inhaftiert und die Lage entspannt sich für Dürr und seine Familie.[109]

EINE NEUE UNTERNEHMENSSTRUKTUR

Die weiter zunehmende internationale Tätigkeit – mittlerweile gibt es neue Niederlassungen in Mailand[110] und Hongkong – der *Dürr*-Gruppe macht eine neue Unternehmensstruktur erforderlich. Daher tritt zum 1. Januar 1978 eine Neugliederung in Kraft: Die *Dürr Industrie Beteiligungs GmbH* (ab August 1980 dann schlicht *Dürr GmbH*) ist fortan Holding der *Dürr*-Gruppe. Sie hält alle Beteiligungen an den Firmen der Unternehmensgruppe, bei ihr laufen die Fäden zusammen und sie übt die notwendigen Lenkungs- und Koordinierungsfunktionen aus. Dazu gehören die zentrale Strategieplanung, die Entwicklung von technischen und kaufmännischen Richtlinien sowie die Erarbeitung von Werbekonzepten. Sämtliche Geschäftsanteile der *Dürr Industrie Beteiligungs GmbH* befinden sich im Besitz der Familie. Otto Dürr wird Ehrenvorsitzender des Verwaltungsrats der

BLICKWINKEL
ROBERTO PIZZAMIGLIO

Sie haben Ihre eigene Firma in den *Dürr*-Konzern eingebracht und wurden ein enger Weggefährte von Heinz Dürr. Welche Erinnerungen weckt das Buch zur 125-jährigen Geschichte der Firma *Dürr* in Ihnen?

Roberto Pizzamiglio: Meiner Meinung nach wird mit diesem Buch vor allem die Erfolgsgeschichte von Heinz Dürr gewürdigt. Ende der 1950er-Jahre besuchte uns Herr Dürr zusammen mit Werner Busch in Novegro di Segrate bei Mailand. Busch leitete zu jener Zeit eine kleine *Dürr*-Gesellschaft in Italien und wurde später ein guter Freund von mir. Damals belieferten wir *Fiat*, *Alfa Romeo*, *Ferrari* und *Maserati* bereits mit elektrostatischen Lackieranlagen, aber *Dürr* hatte in Stuttgart ein großartiges neues Produkt entwickelt: die kathodische Tauchlackierung. Damit wurde die Qualität des Karosserieschutzes in den folgenden Jahren enorm verbessert. Ich war damals 26 und Heinz Dürr war 27, als unsere beiden Familien ein gemeinsames Industrieprojekt starteten. Es begann mit einer Absichtserklärung, die während eines Frühstücks bei Herrn Dürr zu Hause unterzeichnet wurde.

Ich kann mich noch genau an den Moment erinnern, als ich mich einige Jahre später mit Heinz Dürr im Hotel Sonne traf. Ich kam dort nach einer langen Autofahrt spätabends an, da die Flüge nach Stuttgart wegen Nebel ausgefallen waren. Heinz Dürr teilte mir seine Entscheidung mit, das betriebliche Ruder des *Dürr*-Konzerns abzugeben, um sich ganz darauf zu konzentrieren, ein wichtiges deutsches Unternehmen aus Schwierigkeiten herauszuführen. Ich war überaus traurig, denn ich dachte, ich hätte meinen treuen Begleiter verloren, doch mit der Zeit wurde mir klar, dass er die Firma durch seine Führungskräfte weiterhin prägte.

Das Verhältnis zwischen *OLPI* und *Dürr* – später operierten beide Firmen gemeinsam unter dem Namen *OLPIDÜRR* – hat sich in der nächsten Generation fortgesetzt, zunächst durch meinen Sohn Marco und nun auch durch meinen Neffen Michele.

Dieses Buch erfüllt uns Pizzamiglios auch mit Stolz. Wir waren bei 60 der erfolgreichen 125 Jahre, die hier gefeiert werden, dabei. Ich möchte die Gelegenheit wahrnehmen, meine tiefe Wertschätzung zum Ausdruck zu bringen und mich nicht nur bei Heinz Dürr zu bedanken, sondern auch bei Heide und den Töchtern der beiden für die großartige Freundschaft, die sie uns stets entgegengebracht haben. Wir fühlen uns als Teil der Familie.

ROBERTO PIZZAMIGLIO ist ein Wegbegleiter von Heinz Dürr. Seine Firma *OLPI* wurde von seinem Vater Piero nach dem Zweiten Weltkrieg gegründet. *Dürr* und *OLPI* arbeiten seit den 1950er-Jahren zusammen. 1977 wurde gemeinsam die Firma *OLPIDÜRR* gegründet.

Dürr-Azubis, 1980.
Einblick in die Lehrwerkstatt, 1977. (rechte Seite)

Beteiligungsgesellschaft, während Heinz Dürr zum Vorsitzenden und geschäftsführenden Gesellschafter ernannt wird. Die *Otto Dürr Anlagenbau GmbH* zeichnet von nun an für alle Aktivitäten der *Dürr*-Gruppe in Deutschland verantwortlich und ihre Geschäftsführung übernimmt Reinhart Schmidt.[111]

Ende der 1970er-Jahre ist *Dürr* ein modernes, international aktives Engineering-Unternehmen mit hoch qualifizierten Mitarbeitern. Die qualitative und quantitative Sicherung der Personalentwicklung für die Zukunft ist eine der wichtigsten Aufgaben der Geschäftsführung. Daher wird 1979 ein Programm zur Mitarbeiterförderung eingeführt. Die Idee der gezielten Förderung der Belegschaft wird wesentlich von Heinz Dürr und den Betriebsräten getragen.

Sie sehen in den Fähigkeiten und Kenntnissen sowie in der Arbeitszufriedenheit und der Identifikation des Mitarbeiters mit seinem Unternehmen wesentliche Voraussetzungen für den langfristigen Erfolg.

1979 wird am Hauptstandort in der Stuttgarter Spitalwaldstraße ein neues Verwaltungsgebäude mit 1.500 Quadratmetern Bürofläche und 700 Quadratmetern Sozialräumen eingeweiht – allein diese Größe verdeutlicht das Wachstum der *Dürr*-Gruppe in den vorangegangenen zwei Dekaden. Es lässt sich aber auch an anderen Zahlen ablesen: 1979 sind weltweit 2.894 Mitarbeiter bei der *Dürr*-Gruppe beschäftigt, davon 1.212 allein in der Bundesrepublik. Mit einem Umsatzwachstum von 26 Prozent im Vergleich zum Vorjahr liegt *Dürr* als Spitzenreiter weit vor den Konkurrenten der Branche. Der Gesamtumsatz beträgt 383 Millionen D-Mark.

„WAS ZÄHLT, IST DER MENSCH"

Der geschäftliche Erfolg, der unter der Ägide Heinz Dürrs möglich wurde, lässt sich in den jährlichen Bilanzen ablesen. Aus dem Familienbetrieb ist ein weltweit aktiver Marktführer im Anlagenbau geworden, der in Zukunftsbranchen wie der Umwelttechnik sogar Innovationsführer ist. Zum Ende des Jahrzehnts hält Heinz Dürr eine Rede zu einem Thema, das ihn bewegt: „Was zählt, ist der Mensch" lautet die Überschrift. Darin erklärt er sein unternehmerisches Menschen- und Weltbild, spricht von der sozialen Verantwortung von Unternehmen, der Rationalisierung und ihren weitreichenden Folgen für Arbeitnehmer sowie den Zukunftsperspektiven der deutschen Wirtschaft. Profitmaximierung ist für ihn kein Selbstzweck, wie in der Rede deutlich wird: „Gewinn machen heißt für mich, dass in einem Unternehmen die vorhandenen Mittel, die vorhandenen Möglichkeiten – das sind Menschen, die in ihm arbeiten, sowie das Kapital – sinnvoll eingesetzt worden sind. Wenn ich mit meinem Unternehmen Gewinn mache, bedeutet das für mich, dass ich auch eine Verantwortung gegenüber meinen Mitarbeitern und der Gesellschaft erfülle."[112]

VON DER FAMILIE
AN DIE BÖRSE
UND NOCH WEITER HINAUS

1980
—
2004

1980

gibt es eine neue Ausgabe der *Dürr*-Zeitung. In der Rubrik „Aus dem IV. Stock" berichtet wie üblich die Geschäftsführung, die mittlerweile allerdings einen Stock höher gezogen ist: „Das Jahr 1980 wird uns neue Herausforderungen bringen; ein weiteres beachtliches Wachstum ist bereits durch den hohen Auftragsbestand programmiert. Wir werden weiterhin mit kreativen, leistungsbereiten, fortschrittlich geführten Mitarbeitern Produkte entwickeln, die in vorderster Linie der Technologie liegen und den Kundenwünschen ebenso entsprechen wie den gesellschaftlichen Erfordernissen unserer Zeit."[113]

So weit nichts Neues für das erfolgsverwöhnte *Dürr*-Team. Doch dann kommt die eigentliche Neuerung: „Es bringt uns aber auch ein Leben ohne den Baumeister der internationalen Dürr-Gruppe, Heinz Dürr, der eine große nationale Aufgabe übernommen hat." *Dürr* ohne Dürr? Was unvorstellbar scheint, wird mit Anbruch des neuen Jahrzehnts Realität – und ist ein Schritt, den Heinz Dürr nicht leichtfertig geht. Immerhin ist sein Unternehmen zu dieser Zeit bestens aufgestellt. Doch gerade deshalb trifft er schließlich die Entscheidung, eine neue Aufgabe zu übernehmen und den Familienbetrieb als Geschäftsführer zu verlassen: Heinz Dürr wird Vorstandsvorsitzender bei der *AEG*. Der Unternehmergeist, mit dem er den Erfolg so maßgeblich geprägt hat, bedeutet für ihn immer mehr als Gewinn-

Dürr-Zeitung Nr. 32, 1980.

maximierung. Für Heinz Dürr heißt Unternehmertum, Verantwortung zu übernehmen: für die Kunden und die Stakeholder, aber auch für das Wohlergehen der Mitarbeiter, die Ökologie und die gesamte Gesellschaft, als deren Teil er ein Unternehmen ganz fundamental begreift.

Dieses Verantwortungsgefühl, das durch einen Ruf von außen noch bestärkt wird, bringt ihn also dazu, sich ab 1980 der neuen Aufgabe an der Spitze des angeschlagenen Elektroriesen *AEG* zu stellen – und zwar auf Betreiben des bestens vernetzten *Bosch*-Chefs

Hans Merkle. Damit übernimmt der bisherige Familienunternehmer eine der heikelsten Management-Missionen, die es in Deutschland gibt. Die Entscheidung für die *AEG* trifft Heinz Dürr im Wissen, dass seine Firma gute Leute im Management beschäftigt und auch ohne ihn funktioniert. Das hat sich in den Arbeitskämpfen der 1970er-Jahre

Heinz Dürr unterwegs in Peking, 1981.

gezeigt: Als Verhandlungsführer des VMI war Heinz Dürr manchmal wochenlang außer Haus und stellte beruhigt fest, dass trotzdem alles zum Besten stand. Die Firma in Zuffenhausen trägt seine Werte weiter: „Unternehmen sind eine gesellschaftliche Veranstaltung", heißt es in der Mitarbeiterzeitung, „ein Gemeinwesen, in dem eine Vielzahl von Mitarbeitern sich gegenseitig zuarbeitet und damit ein gemeinsames ‚Produkt' erstellt. Dieses Gemeinwesen hat das Recht und die Pflicht, weiterzuleben und die Zukunft zu sichern. Sicherung der Zukunft erreichen wir am besten, wenn wir das bisher bewährte Erfolgsrezept weiterführen und weiterentwickeln."[114]

Diese Zeilen kommen erstmals nicht direkt von Heinz Dürr, sondern von Dr. Manfred P. Wahl, selbst seit 1975 im Unternehmen, der sich damit zugleich als neuer Firmenchef präsentiert. Eine neue Epoche in der *Dürr*-Geschichte bricht an, in der *Dürr* erstmals von einem „familienfremden" Firmenchef geführt wird. In dieser Zeit wird das Unternehmen in mehreren Schritten zu einem weltweit führenden Anlagenbauer – der fast seine eigenen Kräfte überschätzt.

EIN NEUES NAMENSSCHILD AM CHEFBÜRO

Nach dem Ausscheiden von Heinz Dürr aus dem operativen Geschäft – als Gesellschafter berät er die Geschäftsführung weiterhin – wird gemäß Gesellschafterbeschluss ein Führungsgremium an der Spitze der Unternehmensgruppe gebildet. Das „Group Management Committee" (GMC) besteht aus zehn Mitgliedern, die für die

1980 tritt Heinz Dürr (Mitte) sein Amt als Vorstandsvorsitzender der AEG an.

Der Hauptstandort in Zuffenhausen wächst weiter, ca. 1980.

Dauer von zwei Jahren gewählt werden. Die Mitglieder kommen aus dem Kreis der Geschäftsführungen der Tochterunternehmen und haben die Aufgabe, die enge Zusammenarbeit aller *Dürr*-Gesellschaften zu sichern. Die Fäden laufen also weiterhin in Stuttgart zusammen – nunmehr bei Dr. Wahl, der den Vorsitz des GMC übernimmt.

Dr. Wahl ist Volkswirt und war viele Jahre in leitenden Positionen bei *IBM* tätig, ehe er schließlich 1975 Stellvertreter und rechte Hand von Heinz Dürr wird. Er kennt also das „Mindset", mit dem schon seine Vorgänger an der Unternehmensspitze die Geschicke von *Dürr* geleitet haben: auf den Erfolgen der Vergangenheit aufbauen, aber den Blick nach vorne richten; wo immer möglich, neue Absatz-, Expansions- und Innovationsgelegenheiten suchen. *Dürr* ist gleich-

falls stolz auf das Erreichte – und vermeidet es, bereits bestehende und funktionierende Strukturen ohne Not aufzubrechen.

Auch wenn der neue Mann an der Spitze also einen anderen Nachnamen hat, so „fremd", wie es auf den ersten Blick erscheinen mag, ist er nicht. Dr. Wahl wird auf Empfehlung Heinz Dürrs Firmenchef und auch dieser bleibt der Firma erhalten: Er wird Vorsitzender des Verwaltungsrats der *Dürr Industrie Beteiligungs GmbH* – zu dessen Mitgliedern seit Februar 1980 auch Heide Dürr gehört – und besucht den Hauptstandort in Stuttgart-Zuffenhausen regelmäßig. In den kommenden Jahren wird er aber vor allem damit beschäftigt sein, die traditionsreiche, aber marode *AEG* grundlegend zu sanieren – und sich damit auch bundesweit einen Namen machen.[115]

Dürr-Gehomat-Maschine, 1978.

MIT NEUEN AKQUISITIONEN ZUM KOMPLETTANBIETER

Die neue Geschäftsführung knüpft an die Strategie Heinz Dürrs an: *Dürr* will den Kunden Komplettlösungen aus einer Hand bieten. Dafür brauchen die Schwaben neue Kompetenzen und entwickeln sie in der eigenen Gruppe weiter.

1981 fusioniert *Dürr* zwei bereits seit einigen Jahren zur Gruppe gehörige Tochterunternehmen zur *Dürr Automation + Fördertechnik GmbH (DAF)* in Grenzach-Wyhlen bei Basel. Dabei geht es nicht um Einsparungen: Beide Marken, *Gehomat* und *Eisenbau Wyhlen*, sind am Markt etabliert und werden weitergeführt, ihre Fertigungsstätten und Ingenieurbüros bleiben komplett erhalten. Stattdessen bündelt die Fusion die Kompetenzen in Automation und Verkettung, die *Gehomat* mitbringt, mit der Expertise der *Eisenbau Wyhlen* für den Bau von Hebeeinrichtungen, Hafenkranen und Anlagen der (mittel)schweren und pneumatischen Fördertechnik.

So entstehen für die gesamte Gruppe neue Synergien – insbesondere was das technische Know-how betrifft. In Grenzach-Wyhlen suchen die Ingenieure nach neuen Wegen, monotone und körperlich anstrengende Aufgaben zu automatisieren, während ihre Kollegen daran arbeiten, die dafür nötigen Materialien im Produktionsablauf immer zur richtigen Zeit an die richtige Stelle zu transportieren. Vor allem für die *Dürr*-Gesellschaften, die Fördereinrichtungen für Lackieranlagen entwickeln, sind sie damit der perfekte Ansprechpartner für technische Lösungen.[116]

BLICKWINKEL HEINZ DÜRR: ÜBER MITARBEITERFÜHRUNG

Wie sieht die richtige Art von Führung aus? Wie hat sich Unternehmensführung bis heute im Vergleich zu Ihrer operativen Zeit bei *Dürr* verändert?

Heinz Dürr: Ich habe immer auf das „Team" gesetzt. Durch die Digitalisierung und die veränderte Kommunikation unter den Menschen über Social Media geht man heute anders miteinander um. Strenge Hierarchien sind nicht mehr zeitgemäß. Stattdessen kommt man immer mehr zu horizontalen Organisationsstrukturen, was folgerichtig ist. Die Basis meiner Führung war immer: mehr Fragen stellen, als immer nur Antworten zu haben. Zudem war es wichtig, eine Gesprächskultur zu fördern, in der offen Kritikpunkte angesprochen werden können. Mit anderen Worten: Sie müssen Ihren Mitarbeitern zuhören, wenn Sie ein Unternehmen erfolgreich führen wollen. Und wichtig war für mich der Satz: Was einer kann, zählt – nicht, was einer nicht kann.

ABSCHIED VOM REISSBRETT:
EINFÜHRUNG DER EDV UND „COMPUTER-AIDED DESIGN"

Seit den 1970er-Jahren verändert eine neue Entwicklung die Arbeit in vielen Unternehmen: die Einführung der elektronischen Datenverarbeitung, die EDV. *Apple*, *Commodore* oder *IBM* entwickeln die ersten Personal Computer, die nach und nach die Schreibtische der Angestellten erobern und die Arbeitsprozesse revolutionieren. Fortschritte in der Mikroelektronik (u. a. durch leistungsfähigere Mikroprozessoren) ermöglichen Innovationen auch in der Unterhaltungselektronik, die sich mit der Markteinführung von VHS-Rekordern, Walkmans und Videospielen immer mehr zu einer boomenden Branche entwickelt. Die Informationstechnologie, kurz die IT, wird zum beherrschenden Thema der nächsten Jahre. Was in den 1970ern noch neuester Stand der Technik war, ist schon wenige Jahre später durch noch leistungsfähigere Computer völlig überholt.

So werden auch 1983 auf den Computern der *Dürr*-Konstrukteure neuartige Programme aufgespielt. Mit PCs können die meisten

Der endgültige Abschied vom Reißbrett: Einführung neuer Computerprogramme, 1995.

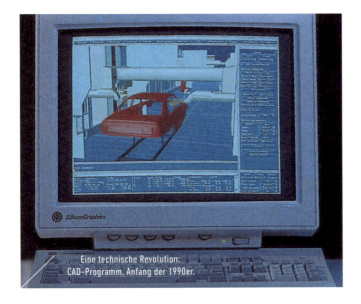

Eine technische Revolution:
CAD-Programm, Anfang der 1990er.

Kollegen bereits umgehen, aber die neuen Programme, die den Namen „computer-aided design" (CAD) tragen, werden insbesondere von den älteren Kollegen nur zurückhaltend angewendet. CAD bedeutet eine radikale Veränderung der Arbeitsweise: Was bisher analog am Reißbrett gezeichnet wurde, wird jetzt mittels der neuen Software am PC konstruiert. Das Programm setzt eine systematischere Herangehensweise an Konstruktionsarbeit voraus und spart viel Zeit und Ressourcen ein – für die Ingenieure ist es eine technologische Revolution. Immerhin lernen die jungen Techniker bereits im Rahmen ihrer Ausbildung das Arbeiten mit CAD und so hält die neue Technik langsam Einzug bei *Dürr*, erleichtert das Konstruieren und schafft Raum für kreative neue Lösungen, die zunächst mit CAD simuliert werden können.

Die technologischen Neuerungen sorgen für Innovationsschübe: 1982 entwickeln *Dürr*-Ingenieure den Portalroboter „P 100", der mit modularer Arm-Kinematik[117] ausgestattet ist. Der „P 100" hat ein Bilderkennungs- und -verarbeitungssystem sowie eine Kamera, die den präzisen, vollautomatischen Einsatz des Greifarms ermöglicht. Dieses System nimmt beispielsweise V6-Zylinder-Motorenblöcke aus Grauguss mit einem Gewicht von rund 40 Kilogramm im 13-Sekunden-Takt aus einer Gitterbox und legt sie auf ein Rollband. Das Bilderkennungssystem

Inbetriebnahme des
Portalroboters „P 100", 1982.

DAS LANGSAME ENDE DER BAUFLASCHNEREI

Während sich *Dürr* immer weiter zum hochmodernen Anlagen-bauer wandelt, bleibt die traditionsreiche Bauflaschnerei langsam auf der Strecke. Schon seit 1975 firmiert sie unter dem Namen „Dach und Wand", um sie zeitgemäßer zu vermark-ten. Doch seit Mitte der 1980er-Jahre leidet die Bauflaschnerei unter rückläufigen Investitionen der öffentlichen Hand und einer angespannten Wettbewerbssituation. Kleine lokale Handwerksbetriebe und Spezialfirmen sind günstiger als die international tätige Firmengruppe *Dürr*. Wegen mangelnder Auslastung werden die Mitarbeiter der Abteilung „Dach und Wand" immer häufiger in der Fertigung der anderen Unter-nehmensbereiche eingesetzt.[118] Hinzu kommt, dass der Vor-stand an der Zukunftsfähigkeit der traditionsreichen Abteilung zweifelt und die rasante Entwicklung im Anlagenbau seine ungeteilte Aufmerksamkeit erfordert.[119] Die Bauflaschnerei, Keimzelle und in Krisenzeiten immer wieder Anker von *Dürr*, blickt langsam, aber sicher ihrem Ende entgegen.

identifiziert innerhalb von etwa 300 Milli-sekunden die Zylinderbohrung und weitere markante Punkte, um sich zu orientieren. Auch schräg liegende Teile können auf diese Weise fehlerfrei erkannt werden. Ab 1987 kommen die ersten „sehenden" Roboter in der Automobilindustrie zum Einsatz. Damit sind bereits die Weichen für eine Entwick-lung gestellt, die nach der Jahrtausendwende das viel zitierte Industriezeitalter 4.0 mit Digitalisierung und künstlicher Intelligenz einleitet.

Die neue Technik und vor allem der hö-here Elektronikanteil in den Anlagen führen aber auch zu neuen Schwierigkeiten: Manche Anlagen sind so komplex, dass sie fast nur von Experten zu bedienen sind. Es besteht das Risiko, den Anwender und den prakti-schen Nutzen aus den Augen zu verlieren. Die *Dürr*-Servicemitarbeiter erkennen die Schwachstelle und können ihr entgegen-wirken: *Dürr* investiert bei Neuentwick-lungen nun immer auch in eine intuitive Nutzerführung – schließlich geht es darum, dem Kunden optimal weiterzuhelfen.[120]

IBM-Computer
Anfang der 1980er.

EINE GESAMTGESELLSCHAFTLICHE UMBRUCHPHASE

Die 1980er-Jahre sind in vielerlei Hinsicht ein Jahrzehnt der Veränderungen, die das gesellschaftliche Leben, die Politik und die Wirtschaft betreffen. Die Solidargemeinschaften in den westlichen Nachkriegsgesellschaften beginnen sich zunehmend zu zersplittern; Eigeninitiative und Flexibilität werden zu zentralen Anforderungen an Bürger und Unternehmen gleichermaßen. Politiker wie Ronald Reagan und Margaret Thatcher verkörpern diesen Wandel, sie stehen für eine konsequent liberale und weniger soziale Wirtschaftspolitik. In Deutschland regiert Helmut Kohl ab 1982 an der Spitze einer Koalition aus CDU/CSU und FDP und löst damit die über ein Jahrzehnt währende sozial-liberale Regierungspolitik ab. Der Wohlfahrtsstaat der 1970er-Jahre wird in den 1980er-Jahren zunehmend infrage und auf die Probe gestellt. Gerade die Fortschritte in Automatisierung und EDV bringen zwar höhere Produktivität, führen aber auch zum Wegfall von Arbeitsplätzen. Hinzu kommt ein wachsendes Umweltbewusstsein, das neue Anforderungen an Industrie und Produktion stellt. Gleichzeitig bedeutet ein immer stärker vernetzter Weltmarkt eine neue, globale Konkurrenz-

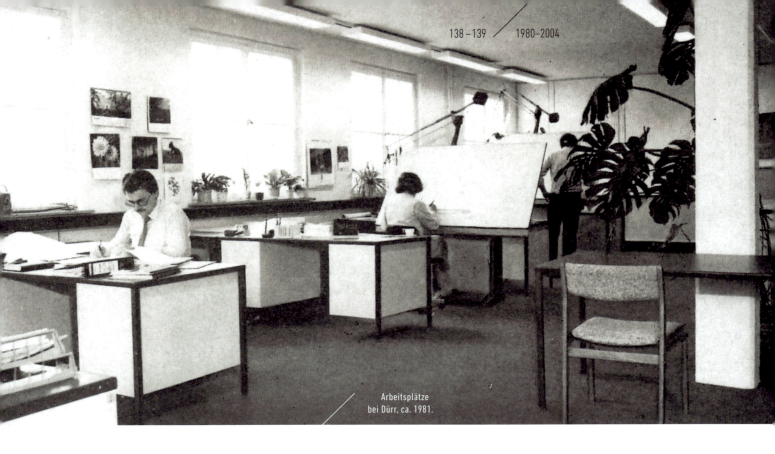

Arbeitsplätze
bei Dürr, ca. 1981.

situation: Wer mit den Entwicklungen nicht Schritt halten kann, gerät schnell ins Hintertreffen. Durch Einsparungen beim Sozialstaat und Steuersenkungen versucht die neue Regierung, das Land zu reformieren und wettbewerbsfähiger zu machen.

Auch die Privatwirtschaft verfolgt einen neuen Kurs: Rationalisierung und Reformen statt traditioneller Bequemlichkeiten werden zum Gebot der Stunde. Bei *Dürr* kommt es zu einem weiteren Führungswechsel, mit dem sich das Unternehmen auf die Herausforderungen der Zukunft einstellen möchte: Reinhart Schmidt – seit 1978 Geschäftsführer

der *Dürr Anlagenbau GmbH* – löst 1984 Dr. Manfred P. Wahl ab und rückt an die Spitze der Holding, die 1985 in *Dürr Beteiligungs GmbH* umbenannt wird. Im selben Jahr findet die Fusion aller inländischen *Dürr*-Gesellschaften zur *Dürr GmbH* mit Hauptsitz in Stuttgart statt. Trotz der neuen Zentralisierung bleibt die Unabhängigkeit der Tochterunternehmen als am Markt weitgehend eigenständig agierende Einheiten gewährleistet. Verwaltung, Einkauf und EDV werden allerdings aus Kosten- und Effizienzgründen fortan von Stuttgart aus zentral gesteuert. Die *Dürr*-Geschäftsführung wird nun nicht mehr von einem Verwaltungsrat, sondern vom Aufsichtsrat der *Dürr GmbH* kontrolliert, dessen Vorsitz Heinz Dürr innehat. Jeden Sonntag lässt

Reinhart Schmidt, 1978.

UMWELTSCHUTZ UND UMWELTTECHNIK BEI DÜRR IN DEN 1980ER-JAHREN

Der Umweltschutz ist eines der zentralen neuen Themen, das spätestens in den 1980er-Jahren in der Mitte der Gesellschaft ankommt. Schon der „Club of Rome" hatte 1972 in seinem Bericht „Die Grenzen des Wachstums" u. a. auf die Herausforderungen der zunehmenden Umweltverschmutzung aufmerksam gemacht. Und nach Jahrzehnten des Wachstums werden in den 1980ern die Folgen der Industrialisierung für die Umwelt immer deutlicher: Das Waldsterben, Smog in den Großstädten, die Verschmutzung von Seen, Flüssen und der Nordsee oder das Abholzen des Regenwaldes in Brasilien mobilisieren eine neu entstehende Umweltbewegung; die Partei „Die Grünen" zieht 1983 in den Bundestag ein. Die Reaktorkatastrophe von Tschernobyl macht 1986 schließlich auf erschreckende Weise deutlich, welches zerstörerische Potenzial der technologische Fortschritt der Menschheit selbst in Friedenszeiten hat.

Dürr hat die Bedeutung des Umweltschutzes früh erkannt. Nachdem schon 1968 hierfür ein eigener Bereich eingerichtet worden ist, stellt das Unternehmen 1984 ein umweltschonendes Spritzkabinensystem vor.
General Motors, *Opel* und *Porsche* bestellen jeweils gleich eines der neuartigen Systeme. Kaum zwei Jahre später erlangt der *Dürr*-Reinigungsautomat mit „Aquaclean-System" zum abwasserfreien Betrieb mit wässrigen Lösungen Marktreife. Bei diesem System wird die Waschflüssigkeit in einem Kreislauf verwendet und wiederaufbereitet – was Energie und Wasser spart.
Mit solchen Neuerungen bewegt sich *Dürr* auf der Höhe der Zeit. Denn die Bundesregierung reagiert auf die drängenden Fragen des Umweltschutzes mit neuen Regularien, die etwa eine Modernisierung alter Anlagen vorschreiben. Und hierfür hat *Dürr* Umbau- oder neue Komplettlösungen parat: geschlossene, kompakte Reinigungsautomaten, die entweder ganz ohne Abluft funktionieren oder so geringe Lösemittelemissionen haben, dass geltende Grenzwerte eingehalten werden können.

Abluftreinigungsanlagen, 1984.

Flexibel muss man auch bei Dürr sein – dafür gibt es
manchmal sogar einen Privatjet: Geschäftsreise in Brasilien, 1980.

er sich von der Geschäftsführung telefonisch über den Stand der Dinge informieren. Sämtliche Anteile werden von der *Dürr Beteiligungs GmbH* gehalten, die sich im Besitz der Familie Dürr befindet. Im Rahmen der Umstrukturierung bleibt Reinhart Schmidt als Vorstandsvorsitzender der Holding hauptverantwortlich für das operative Geschäft.[121]

Mit den Umstrukturierungen stellt sich *Dürr* auf die neuen Zeiten ein – und ist dabei erfolgreich: Der weltweite Umsatz kann 1986 um 18 Prozent auf 814 Millionen D-Mark gesteigert werden. Der Auslandsanteil liegt bei stolzen 76 Prozent. In der *Dürr*-Gruppe sind 3.030 Mitarbeiter beschäftigt.

BLICKWINKEL HEINZ DÜRR: ÜBER DEN UMWELTSCHUTZ

Dürr setzte früh auf den Umweltschutz. Gab es eine Strategie, die der Entwicklung des Unternehmens hin zu einem Vorreiter auf dem Gebiet Umweltschutz zugrunde lag?

Heinz Dürr: Unsere Philosophie war, dass wir grundsätzlich Ressourcen schonen und darauf achten müssen, dass die Umwelt so wenig wie möglich belastet wird. Mit Ressourcen meine ich in unserem Fall eingesetzte Materialien wie Lacke, aber natürlich auch Energie sowie genutzte Flächen. Was den effizienten Ressourceneinsatz angeht, waren wir Vorreiter und sind heute weiterhin weltweit führend auf unserem Gebiet. Für mich war das immer auch eine Frage der gesellschaftlichen Verantwortung. Das wurde in der Öffentlichkeit verstanden – auch von den Kunden. Natürlich ist eine Anlage, die Ressourcen spart, meistens teurer in der Anschaffung. Längerfristig rechnet es sich aber, besonders bei steigenden Energiepreisen. Übrigens hat man das auch und gerade in China nachvollzogen. Dies ist nicht nur eine wirtschaftliche, sondern auch eine politische Frage: Die hohe Besteuerung der in großem Umfang vorhandenen menschlichen Arbeitskraft und die vergleichsweise niedrige der auf diesem Planeten begrenzt vorhandenen Materialressourcen widersprechen sich deutlich.

UNTERNEHMENSKULTUR ALS ERFOLGSFAKTOR

Eine Entwicklung, die prägend ist:
Konzert im Rahmen der „Kultur erlebt"-Reihe, 2001.

Der rasante technologische Fortschritt und die Automation bedeuten zwar gewaltige Sprünge für das Unternehmen *Dürr*, doch sie sorgen auch für massive Veränderungen in der täglichen Arbeit. Das geht nicht spurlos an den Mitarbeitern vorbei. Um in dieser Umbruchphase ein aktuelles Stimmungsbild einzuholen, startet *Dürr* 1982 die erste weltweite Mitarbeiterbefragung. Die Ergebnisse spiegeln die Herausforderungen der Zeit: Zwar sind die Mitarbeiter vom Image, den Produkten, der Zukunftsfähigkeit sowie der Wirtschaftlichkeit des Unternehmens überzeugt. Aber viele Kollegen beklagen den Termindruck, zunehmend schwierigere äußere Arbeitsbedingungen – insbesondere die Luftverhältnisse und den Lärm – sowie mangelnde Anerkennung durch Vorgesetzte für gute Arbeit.

Die Ergebnisse der Befragung verdeutlichen, was auch große Konzerne zu dieser Zeit vermehrt feststellen: In einem zunehmend umkämpften globalen Markt spielen nicht nur „harte" Faktoren für den Erfolg eines Unternehmens eine zentrale Rolle, sondern auch „weiche" Faktoren wie Loyalität, Identifikation oder Kooperationsfähigkeit – die Unternehmenskultur. Sie beschreibt Werte, die für Großkonzerne erst langsam ins Bewusstsein rücken, in der Tradition von Familienbetrieben aber schon immer fest verwurzelt sind. Um sich wieder auf diese Werte zu besinnen, erhält *Dürr* gerade aus der Familie Unterstützung: Heide Dürr organisiert gemeinsam mit dem Betriebsratsvorsitzenden Peter Weingart ab 1983 die Reihe „Kultur erlebt". Unter diesem Namen laden Geschäftsführung und Betriebsrat die Mitarbeiter und deren Familien zu Musikevents, Theateraufführungen, Ausstellungen oder anderen kulturellen Veranstaltungen ein. Ziel ist es, das Unternehmen als Diskussionsplattform zu nutzen, eine Alternative zum üblichen Fernsehabend zu bieten und den Mitarbeitern die Freude an Kulturthemen näherzubringen – eine Freude, die Heide und Heinz Dürr schon lange miteinander teilen und weitergeben wollen.

Zum Auftakt der Veranstaltungsreihe wird ein Blick hinter die Kulissen des Staats-

Heide Dürr.

BLICKWINKEL
PETER WEINGART

Wie würden Sie das Verhältnis zwischen dem Unternehmen *Dürr* und seinen Mitarbeitern beschreiben?

Peter Weingart: Während der drei Jahrzehnte meiner Tätigkeit als Betriebsratsvorsitzender herrschte bei *Dürr* im Gegensatz zu den meisten vergleichbaren Unternehmen eine Atmosphäre von gegenseitiger Achtung und Wertschätzung zwischen Firmenleitung und Mitarbeitern. Die Mitarbeiter entwickelten ein Gefühl der Zugehörigkeit zum Unternehmen, sodass es hieß: Wer zum *Dürr* kommt, bleibt beim *Dürr*. Daran hat sich auch nicht viel geändert. Noch immer ist die durchschnittliche Betriebszugehörigkeit im *Dürr*-Konzern außergewöhnlich lang.

So ein besonderes Verhältnis fällt natürlich nicht vom Himmel. Zu meiner Zeit waren für die Entwicklung des speziellen *Dürr*-Klimas vor allem zwei Dinge entscheidend: dass man einerseits in Heinz Dürr einen bodenständigen „Chef zum Anfassen" mit Interesse für die Belange der Mitarbeiter und Verständnis für die Arbeit des Betriebsrats hatte und dass auf der anderen Seite eine Arbeitnehmervertretung stand, die nicht die Konfrontation suchte, sondern konstruktive Zusammenarbeit.

So entstand ein regelmäßiger Dialog zwischen Firmenleitung und Betriebsrat mit dem Ziel gegenseitiger Information und kooperativer Zusammenarbeit zum Nutzen der Firma. Gemeinsam konnten dadurch viele Probleme gelöst bzw. Problemlösungen angestoßen

oder Kompromisse erarbeitet werden. Diverse Betriebsvereinbarungen wurden ausgehandelt und verabschiedet. Die Ergebnisse wurden der Belegschaft in Betriebs- und Abteilungsversammlungen oder in persönlichen Gesprächen vermittelt und schließlich schwarz auf weiß in der Betriebsratszeitung publiziert.

Das wohl wichtigste Ergebnis dieser Dialoge war die Gleichstellung von Arbeitern und Angestellten und dass in der Fertigung bei *Dürr* als erster Firma überhaupt erfolgreich die Gleitzeit eingeführt wurde. Ein Erfolg des Miteinanderredens war auch, dass in meiner ganzen Zeit als Betriebsratsvorsitzender alle Konflikte intern gelöst werden konnten und kein einziger Prozess beim Arbeitsgericht geführt werden musste.

Obwohl es mittlerweile personelle Veränderungen im Betriebsrat gab, sind das Selbstverständnis und die Arbeitsweise gleich geblieben. Nach wie vor findet der Betriebsrat ein gutes Gleichgewicht zwischen dem regelmäßigen, konstruktiven Austausch mit der Geschäftsführung und der selbstbewussten Vertretung der Arbeitnehmerinteressen.

PETER WEINGART war 30 Jahre lang Betriebsratsvorsitzender bei *Dürr*. Er begann als Auszubildender und verbrachte sein gesamtes Arbeitsleben im Unternehmen.

theaters in Stuttgart geworfen. Im Juni folgt eine Vernissage im Stuttgarter Hauptgebäude des Unternehmens. Hin und wieder verwandeln sich die *Dürr*'schen Werkshallen nach Feierabend und am Wochenende sogar in Theatersäle, in denen dann verschiedene Ensembles ihre Stücke aufführen und anschließend mit den Zuschauern über Inhalt und Form des Dargebotenen diskutieren. Auch mit politischen Inhalten gibt es keine Berührungsängste: Heide Dürr und Peter Weingart laden baden-württembergische Landtagsabgeordnete zu politischen Streitgesprächen ein.

Doch darüber hinaus geht es auch um die Verbesserung der Arbeitsbedingungen: Die Unternehmensführung reagiert gemeinsam mit dem Betriebsrat und beschließt mehrere Maßnahmen, die der gesteigerten Produktivität des gesamten *Dürr*-Teams Rechnung tragen: 1985 wird die 38,5-Stunden-Arbeitswoche eingeführt. Im Frühjahr 1986 wird zudem beschlossen, dass alle Auszubildenden bei *Dürr* später auch in ein festes Arbeitsverhältnis übernommen werden. Federführend bei diesen Errungenschaften ist der Betriebsratsvorsitzende Peter Weingart, der es versteht, die Interessen der Beschäftigten diplomatisch und gewöhnlich im Einvernehmen mit der Unternehmensspitze durchzusetzen.[122] Die gemeinsamen Bemühungen um die Zufriedenheit der Belegschaft sollen auch dem Unternehmen zugutekommen und es attraktiv für zukünftige Arbeitnehmern machen.

Betty und Otto Dürr, 1970.

TOD OTTO DÜRRS

Im April 1987 erreicht Heinz Dürr mitten in einer Vorstandssitzung eine Nachricht aus Bayern: Sein Vater Otto Dürr ist, zehn Jahre nach dem Tod seiner Frau Betty, im Alter von 83 Jahren an seinem Alterssitz am Tegernsee an Herzversagen gestorben. Bei der Beerdigung auf dem Uff-Friedhof in Bad Cannstatt wird noch einmal deutlich, wie eng Otto Dürr noch immer mit dem Unternehmen verbunden war, das seinen Namen trägt: Zahlreiche Mitarbeiter sind gekommen, um Abschied zu nehmen, Geschäftsführung und Betriebsratsvorsitzender finden bewegende und persönliche Worte über ihn. Bis zum Schluss war Otto Dürr als Anteilseigner der Holding schließlich bestens über den Betrieb informiert.

Zwei Jahre vor seinem Tod erlebt Otto Dürr noch einen besonderen Erfolg: Nachdem sein Sohn die *AEG* unter das Dach von *Daimler-Benz* führt, wird Heinz Dürr 1985 in den Vorstand des Automobilkonzerns berufen[123] – in der Wahrnehmung des stolzen schwäbischen Vaters fast ein Ritterschlag. Bei der Hauptversammlung ist er vor Ort und drückt sichtlich bewegt die Hand seines Sohns: „Dass ich das noch erleben durfte! Mein Heinz im Daimler-Vorstand!"[124]

KOMPLETTANBIETER IN DER LACKIERTECHNIK – DIE ÜBERNAHME VON BEHR

Mit den Bereichen Lackiertechnik, Industrielle Reinigungstechnik, Umwelttechnik sowie Automation und Fördertechnik hat die *Dürr*-Gruppe es bis zum Ende der 1980er-Jahre geschafft, fast alles unter einem Dach zu vereinigen, was für die Lieferung kompletter Automobillackiersysteme erforderlich ist. Nur eine Technologie fehlt noch: die Lackapplikation, also das Aufsprühen von Lack mit Zerstäubern.

Markt- und Technologieführer auf diesem Gebiet ist die Firma *Behr* mit Sitz in Bietigheim-Bissingen, nicht weit vom *Dürr*-Hauptsitz in Stuttgart-Zuffenhausen entfernt. Nahezu die gesamte internationale Automobilindustrie arbeitet mit *Behr*-Anlagen, die eine umweltschonende und materialsparende Großserienlackierung ihrer Karosserien ermöglichen. Bereits in der Vergangenheit hatten *Dürr* und *Behr* bei mehreren Großaufträgen erfolgreich zusammengearbeitet.

Und aus dieser Zusammenarbeit wird nunmehr: 1989 verkünden die beiden Familienunternehmen einen strategischen Zusammenschluss unter dem Dach einer gemeinsamen Holding: der *Dürr-Behr-AG*. Es ist der logische nächste Schritt der *Dürr*'schen Akquisitionsstrategie und ein weiterer Baustein für ein kompletts Systemangebot. Auch die Presse verfolgt den Zusammenschluss aufmerksam: Von einer „Elefantenhochzeit" ist die Rede.[125] Im „Journal für Oberflächentechnik" wird detailliert darüber berichtet: „Damit hat bisher niemand gerechnet: der Marktführer im Anlagenbau – Dürr – gründet mit dem Marktführer in der Applikationstechnik – Behr – eine gemeinsame Aktiengesellschaft. Die beiden überwiegend in der Automobilbranche tätigen Unternehmen erreichen zusammen voraussichtlich einen Umsatz von einer Milliarde Mark."[126]

Doch zu einer *Dürr-Behr-AG* kommt es nicht. Unternehmenschef Hans Behr steht kurz vor dem Ruhestand und findet keinen geeigneten Nachfolger für seinen Betrieb. Er entschließt sich daher zum vollständigen Verkauf an *Dürr*. Damit können nun alle

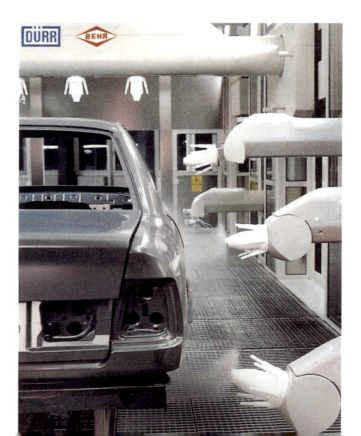

Einblicke in die Lackapplikationstechnik bei Behr, Anfang der 1990er.

DIE ENTWICKLUNG DES UNTERNEHMENS BEHR

Behr wird 1926 von Hermann Behr gegründet. Das Unternehmen hat Kontakte zur Automobilindustrie und unterhält Handelsvertretungen für Aluminium, Grau- und Temperguss. Hermann Behrs Sohn Hans übernimmt nach Kriegsende die geschäftliche Leitung. 1951 übernimmt *Behr* die Vertretung der *Wülfinger Lackfabrik* für den süddeutschen Raum und kann u. a. *Fiat*, *NSU*, *Magirus* in Ulm sowie auch *Daimler-Benz* als neue Kunden gewinnen.

Aus der Lackvertretung entwickelt sich bald ein eigenständiger Lackiertechnikbetrieb. Eine wegweisende Innovation ist in den 1960er-Jahren der Bau einer kompletten Farbversorgung mit Turbinenpumpen, wodurch sich die umständliche Arbeit mit Farbkübeln erübrigt. Das Verfahren zur elektrostatischen Pulverbeschichtung (EPS) ist in den 1970ern ein weiterer technologischer Meilenstein. In den folgenden Jahren wird die Entwicklung und Fertigung von Gesamtsystemen für die vollautomatische Beschichtung von Automobilen in Großserie zur Kernkompetenz von *Behr*. In der Farbapplikation, der Farblogistik, der Dosierungstechnik und bei Spritzautomaten ist das Unternehmen bald weltweit führend.

Behr hat Ende der 1980er-Jahre Tochtergesellschaften und Beteiligungen in der Schweiz, Großbritannien, Italien, Spanien und den USA. Zudem stellt *Behr* die Keimzelle der späteren Hightech-Division „Application Technology" von *Dürr* dar, die auf Lackierroboter spezialisiert ist.

Ein Lackierroboter ...

... und eine Anlage zur Robotersteuerung bei Behr, 1988.

Technologiebereiche für Lackiersysteme unter einem Dach vereint werden. Weltweit kann auf diesem Gebiet kein anderes Unternehmen eine vergleichbare Qualität oder Technologiebreite anbieten. Aus der kleinen Cannstatter Bauflaschnerei *Dürr* ist ein internationaler Konzern und Weltmarktführer im Bereich der Lackiersysteme geworden.

„ÜBER DIE MÖGLICHKEITEN DER FAMILIE HINAUSGEHEN" – DER BÖRSENGANG

Die Übernahme von *Behr* ist ein wegweisender Schritt für *Dürr*. Doch um den Kauf zu finanzieren, braucht *Dürr* erhebliche Mengen Kapital – mehr, als die Familie oder das Unternehmen letztlich allein aufbringen können. Somit kommt es zu einer strategischen Entscheidung von erheblicher Tragweite: *Dürr* soll in eine Aktiengesellschaft umgewandelt werden und an die Börse gehen.

Die Entscheidung zum Börsengang trifft Heinz Dürr nicht leichtfertig. Schließlich bricht er mit der Tradition des Familienunternehmens und gibt seine Position als alleiniger Eigentümer auf. Er ist aber auch Jahre später noch davon überzeugt, dass der Gang an die Börse folgerichtig war: „Die Firma Dürr hatte Ende der 1980er Jahre eine Größe erreicht, die für die Zukunftssicherung des Unternehmens erforderte, dass über die Möglichkeiten der Familie hinausgegangen wurde", erinnert er sich in einem Fachartikel. „Wir haben die DÜRR-Beteiligungs-AG an die Börse gebracht, und so konnten sowohl der Kauf der Firma Behr als auch die weitere Internationalisierung sicher finanziert werden. Das ,going public' ist ab einer bestimmten Unternehmensgröße auch der beste Weg, die Konflikte zu vermeiden, die mit einem Generationswechsel verbunden sein können."[127] Und natürlich bleibt die Familie Dürr auch nach dem Börsengang ein gewichtiger Faktor. Heinz

Pressekonferenz zur Börseneinführung von Dürr, 1989.

Dürr wird Aufsichtsratsvorsitzender der neuen AG und steht dem Vorstand mit seiner Erfahrung zur Seite. Darüber hinaus ist die Familie Dürr Mehrheitsaktionär der Aktiengesellschaft.[128]

WKN 556 520   Stück 1

Nr. 003053

DÜRR

BETEILIGUNGS-AKTIENGESELLSCHAFT

Eine Aktie über Fünfzig Deutsche Mark

Der Inhaber dieser Aktie ist mit Fünfzig Deutsche Mark
an der DÜRR BETEILIGUNGS-AKTIENGESELLSCHAFT, Stuttgart,
nach Maßgabe ihrer Satzung als Aktionär beteiligt.
Stuttgart, im November 1989
DÜRR BETEILIGUNGS-AKTIENGESELLSCHAFT
Der Aufsichtsrat   Der Vorstand

Die erste Dürr-Aktie, 1989.

Am 4. November 1989 wird die *Dürr Beteiligungs GmbH* in die *Dürr Beteiligungs-AG* umgewandelt. Nur wenige Wochen später wird das Grundkapital der *Dürr Beteiligungs-AG* von 40 Millionen D-Mark durch Ausgabe von Stammaktien an das Publikum um weitere 10 Millionen D-Mark erhöht. Erster Handelstag der *Dürr*-Aktie an der Börse ist der 4. Januar 1990. Es werden 200.000 Aktien zu je 50 D-Mark ausgegeben. Im ersten Jahr nimmt die Entwicklung der *Dürr*-Aktie insgesamt einen positiven Verlauf.

Die mutigen Schritte der *Behr*-Übernahme und des Börsengangs zahlen sich aus: Allein in ihrem ersten Jahr wird die neue Aktiengesellschaft einen Umsatz von 1,13 Milliarden D-Mark machen, was gegenüber dem Vorjahr eine Steigerung von 51 Prozent bedeutet. Der Auftragseingang übersteigt mit 1,16 Milliarden D-Mark den Vorjahreswert um 36 Prozent. Der Konzern beschäftigt 3.657 Mitarbeiter weltweit, wovon 3.071 auf *Dürr* und 586 auf *Behr* entfallen. Die Umsatzrendite nach Steuern beträgt 4,2 Prozent. *Dürr* ist damit endgültig in der Spitzenliga angekommen und zählt zu den größten deutschen Mittelständlern in Familienbesitz, wenngleich die Gründerfamilie nach dem Börsengang nicht mehr alleiniger Eigentümer ist.

Sichtlich zufrieden mit dem ersten Handelstag der Dürr-Aktie: Reinhart Schmidt.

EINE NEUE AUFGABE FÜR HEINZ DÜRR

Für Heinz Dürr sind die Wendejahre besonders turbulent. Nach dem erfolgreichen Börsengang seiner Firma kommt nach der Wiedervereinigung eine unternehmerische „Herkulesaufgabe" aus einer ganz anderen Richtung auf ihn zu.

Nach dem Krisenmanagement bei der *AEG* traut Bundeskanzler Helmut Kohl dem erfahrenen Manager zu, die staatlichen Problemfälle *Deutsche Bundesbahn* im Westen und *Deutsche Reichsbahn* im Osten zusammenzuführen. Die beiden schwerfälligen Gebilde sollen möglichst ohne größere Konflikte privatisiert und wirtschaftlich saniert werden. Der Staatsbetrieb Bahn ist zu kostspielig geworden und fährt Jahr für Jahr hohe Verluste ein.

Heinz Dürr lässt sich auf das Wagnis ein und geht die neue Aufgabe im Jahr 1991 mit der für ihn typischen, unbeirrbaren Zuversicht an. Es wird ihm gelingen, die in ihn gesetzten Erwartungen zu erfüllen. Er bringt die Bahnreform auf den Weg, die mit einer Änderung des Grundgesetzes einhergeht und so die Gründung der *Deutschen Bahn AG* ermöglicht. Von 1994 bis 1997 ist Heinz Dürr Vorstandsvorsitzender der *Deutschen Bahn AG*.

Helmut Kohl und Heinz Dürr bei der Eröffnungsfahrt auf einer neuen ICE-Strecke, 1998.

DER WELTMARKTFÜHRER POSITIONIERT SICH IN EINER WELT IM UMBRUCH

Das positive Jahresergebnis nach dem Börsengang ist nicht nur den geschickten strategischen Entscheidungen geschuldet, sondern auch einer generellen Euphorie an den Märkten: 1989 fällt die Berliner Mauer, knapp ein Jahr später ist Deutschland wiedervereinigt. Und mehr noch: Der gesamte Ostblock befindet sich im Zusammenbruch und so öffnen sich neue Märkte, auf denen sich auch *Dürr* positionieren will – darin sind sich der Vorstandsvorsitzende Reinhart Schmidt und der Aufsichtsratsvorsitzende Heinz Dürr sofort einig.

Als Weltmarktführer ist *Dürr* in dieser sich rasch verändernden Welt gut aufgestellt: Die Stuttgarter beteiligen sich maßgeblich an der Restrukturierung und dem Neuaufbau der Automobilindustrie in Ostdeutschland. Zu einem der wichtigsten Aufträge des Jahres 1991 wird der Bau einer kompletten Lackieranlage für das neue *Opel*-Werk in Eisenach – kein unbekannter Ort für *Dürr*, denn bereits 1963 hatte Heinz Dürr Kontakte nach Eisenach, wo man in Kooperation mit DDR-Betrieben eine Lackiererei der *Wartburg-Werke* modernisierte. Und *Dürr* streckt seine Fühler noch weiter nach Osten aus: Bereits 1990 erfolgt die Gründung der *Dürrpol* in Polen. Die südlich von Warschau beheimatete

Lackieranlage des Opel-Werks in Eisenach, 1991.

Firma soll ihre weltweiten Schwestergesellschaften vor allem in den Bereichen Elektrotechnik und Fördertechnik unterstützen. Der Vorstandsvorsitzende Reinhart Schmidt weist jedoch bereits auf der ersten Hauptversammlung der Aktiengesellschaft darauf hin, dass *Dürr* in keinen „hektischen Ost-Aktionismus" verfällt.[129] Denn Schmidt verfolgt ein Wachstum mit Augenmaß und fokussiert sich nicht nur auf Osteuropa. Der Ausbau des internationalen Geschäfts wird vor allem in Asien betrieben: Mit dem japanischen Anlagenhersteller *Kito* schließt *Dürr* einen Lizenzvertrag und in Südkorea gründet das Unternehmen das Joint Venture *Shindürr*. Im größten Wachstumsmarkt der Zukunft hat *Dürr* einen besonderen Start: 1997 erteilen die chinesischen Behörden die Geschäftslizenz für die *Dürr Paintshop Equipment &*

Engineering Co. Ltd. in Shanghai. Es handelt sich um ein 100-prozentiges Tochterunternehmen des Konzerns, wodurch es keine Einflussnahme chinesischer Investoren gibt – eine absolute Ausnahme. Denn in Branchen mit besonderer wirtschaftlicher und technologischer Bedeutung wie der Automobilindustrie schreiben die chinesischen Behörden üblicherweise vor, dass ausländische Investoren Joint Ventures mit chinesischen Partnern eingehen. Der Schritt nach China ist richtungsweisend: Im Jubiläumsjahr 2021 ist das Land der wichtigste Absatzmarkt der Welt für *Dürr*.

Die Dürr-Vorstandsmitglieder Walter Schall und Reinhart Schmidt zusammen mit den koreanischen Partnern Paul Ahn und Shintae Kang bei der Gründung des Joint Ventures Shindürr, 1995.

WEGWEISENDE SCHRITTE
AUF DEM AMERIKANISCHEN MARKT

Gleichzeitig investiert der *Dürr*-Vorstand auch in das Geschäft in den USA – dem mit Abstand wichtigsten Auslandsmarkt des Konzerns in den 1990er-Jahren: Mit *Dürr Industries Inc.*, *Behr Systems Inc.* und der 1993 erworbenen *Dürr Automation Inc.* operieren fortan drei Tochterunternehmen in den USA. 1998 übernimmt *Dürr* mit der im US-Bundesstaat Ohio ansässigen Firma *Henry Filters* den größten US-amerikanischen Hersteller von Emulsions- und Filteranlagen.[130] Die Produktpalette des Unternehmens ist eine ideale Ergänzung zu den Systemen, die *Dürr Ecoclean* für die industrielle Teilereinigung fertigt.[131]

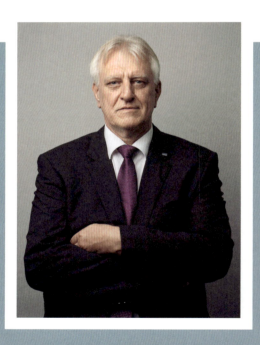

BLICKWINKEL REINER SCHMID

Welches Image hat *Dürr* bei seinen chinesischen Kunden und Mitarbeitern? Wofür steht die Marke *Dürr* in China?

Reiner Schmid: Als ich 1996 den Vertrieb von Lackierereien in China übernommen habe, wurden dort weniger als 1 Million Autos pro Jahr gebaut, heute sind es mehr als 25 Millionen. Angefangen hat die Geschichte für *Dürr* mit Anlagen für die chinesische Marke Red Flag, 1985 wurde sie mit Volkswagen in Shanghai weitergeführt. Heute sind in mehr als 60 Prozent aller Automobillackierereien Chinas *Dürr*-Produkte zumindest enthalten, mehr als 50 Prozent wurden komplett von uns gebaut.

Der Name *Dürr* steht in China für eine lokale Firma mit deutschen Produkten, höchster Innovationskraft, bester Qualität, Nachhaltigkeit und Zuverlässigkeit. Das sehen neben den Kunden auch die eigenen Mitarbeiter so und belohnen *Dürr* mit einer der niedrigsten Fluktuationsraten in der gesamten Industrie in China. Jeder Autohersteller, der es sich leisten kann, kauft und nutzt Anlagen von *Dürr* – nicht nur zur Produktion, sondern auch für das eigene Image. Die lokale Kompetenz von *Dürr* wird sehr wertgeschätzt.

Dürr ist in China parallel zur Autoindustrie gewachsen und seit mehreren Jahrzehnten Partner dieser Branche. In Shanghai gehören wir zu den 50 größten industriellen Steuerzahlern und im Distrikt Qingpu zu den fünf größten.

REINER SCHMID startete 1990 bei *Dürr* und arbeitete zunächst im Bereich Forschung und Entwicklung, in der Projektierung und dann im Vertrieb für Lackieranlagen. Seit vielen Jahren ist er CEO von *Dürr Paintshop Systems Engineering (Shanghai) Co. Ltd.*

Dürr-Firmengebäude
in Plymouth, USA, 1986.

Im gleichen Jahr kauft die US-Tochter *Dürr Industries Inc.* die in Michigan beheimatete *Acco Systems Inc.* Vor der Übernahme hatte man bereits regelmäßig spezielle Hängeförderanlagen von *Acco* zugekauft. Durch den Erwerb verfügt *Dürr* nun selbst über diese Technik und kann seine Marktposition weiter stärken. 1999 wird das US-amerikanische Umwelttechnikunternehmen *Regenerative Environmental Control* (kurz: *REECO*) erworben, das zu den Pionieren der regenerativen thermischen Oxidation zählt. Mit diesem Verfahren können die in industriellen Prozessen freiwerdenden Lösemittel und andere Schadstoffe neutralisiert werden.

Der Fokus auf den amerikanischen und ostasiatischen Markt erweist sich als wegweisend: Im Zuge ihrer Globalisierungspolitik übertragen internationale Automobilkonzerne wie *General Motors* die Gesamtverantwortung für den Bau schlüsselfertiger Lackieranlagen an *Dürr* als Generalunternehmer. Die weiter steigende Nachfrage nach kompletten Lackiersystemen in den USA und Fernost trägt entscheidend zu einem neuerlichen Aufschwung des internationalen Geschäfts bei.[132]

DÜRR WIRD 100 – UND EINE STRASSE ZUR „OTTO-DÜRR-STRASSE"

Am 8. Juli 1995 schreitet *Dürr* mit einem Festakt in der Firmenzentrale und einem Straßenfest in Stuttgart-Zuffenhausen in sein zweites Jahrhundert.[133] Am offiziellen Teil des Programms wirken namhafte Gäste mit, so etwa der baden-württembergische Ministerpräsident Erwin Teufel, der Stuttgarter Oberbürgermeister Manfred Rommel und der Präsident des Deutschen Industrie- und Handelstages, Hans Peter Stihl. Mitten auf dem Firmengelände gibt es einen eigenen Jubiläumsmarkt.

Ein besonderes Highlight mit historischem Bezug ist die Umbenennung der im Stuttgarter Stadtteil Zuffenhausen gelegenen Spitalwaldstraße, in der sich der Hauptsitz befindet. Aus ihr wird die Otto-Dürr-Straße. Mit der Straßenumbenennung will die Stadt Stuttgart die Leistungen Otto Dürrs für den Industriestandort Stuttgart angemessen würdigen. Daran, dass auch seine Frau Betty einen entscheidenden Beitrag zur erfolgreichen Entwicklung des Familienunternehmens und zum Wohl der Mitarbeiter beigetragen hat, will man bei *Dürr* ebenfalls erinnern: Das firmeneigene Café wird das „Betty-Dürr-Café".[134]

Die erste Internetseite von Dürr, 1997.

DÜRR AUF DEM WEG IN SEIN ZWEITES JAHRHUNDERT

Der mittlerweile 64-jährige Reinhart Schmidt wechselt im Jubiläumsjahr nach 21 ereignisreichen Jahren bei *Dürr* in den Aufsichtsrat. Er hat in seinen 11 Jahren an der *Dürr*-Spitze den Umsatz vervielfacht und aus dem Familien- ein gut dotiertes börsennotiertes Unternehmen gemacht. Seine Nachfolge wird Hans Dieter Pötsch antreten. Die Karriere des Wirtschaftsingenieurs beginnt bei *BMW*, 1987 wechselt er als Geschäftsführer zum Werkzeugmaschinenhersteller *Trumpf*, 1991 wird er Vorstandsvorsitzender bei dem Drehmaschinenhersteller *Traub* in Reichenbach.[135] Pötsch kommt auf Empfehlung von Heinz Dürr und ist vom Kurs der Internationalisierung und weiterer Expansion überzeugt.

Heinz Dürr mit Stuttgarts Oberbürgermeister Manfred Rommel bei der Straßenumbenennung in Otto-Dürr-Straße, 1995.

Auf Pötsch warten große Aufgaben. Ende der 1990er-Jahre ist für die Automobilindustrie eine Zeit des Umbruchs: Die großen Konzerne wie *Volkswagen* konzentrieren sich verstärkt auf ihre Kernkompetenzen, die sie vor allem in der Entwicklung und dem Design neuer Modelle sowie in der Markenpflege sehen. Die Verantwortung für die immer komplexeren Bereiche der Produktion hingegen soll zunehmend an Ausrüster bzw. Zulieferer übertragen werden. Die Automobilhersteller erwarten von diesen eine globale Ausrichtung wie auch eine hohe Innovations-, Technologie- und Systemkompetenz. Während viele kleinere Zulieferunternehmen angesichts dieser hohen Erwartungen an ihre Grenzen stoßen, wittert *Dürr* als global aufgestellter Systemlieferant die Chance, sein Angebotsspektrum erneut erheblich auszuweiten. *Dürr* will nun auch in andere Bereiche vordringen, die außerhalb des angestammten Geschäfts mit Lackieranlagen liegen. Die Weltmarktführerschaft soll weiter ausgebaut werden. Die nächsten Akquisitionen sind schon geplant – aber ihre Folgen werden innerhalb kurzer Zeit für eine Krise sorgen.

Der Vorstand von 1995 (v. l. n. r.):
Bernward Hiller, Hans Dieter Pötsch, Rolf Haueise
und Walter Schall. Nicht im Bild: Peter Wagner.

STEIGENDE SCHULDEN DURCH MEHRERE AKQUISITIONEN

„Der Lack ist ab" meldet das „manager magazin" 2005. „Mehr als 100 Jahre nach der Gründung kämpft der Autozulieferer Dürr gegen die Zerschlagung. Schon jetzt steht fest: Die Firma kann sich nur noch mit Notverkäufen gegen den Niedergang stemmen. Heinz Dürr und die übrigen Aktionäre müssen hinnehmen, dass ihre Firma drastisch schrumpfen wird."[136]

Das düstere Bild, das die Hamburger Investigativjournalisten hier zeichnen, findet sich auch in den Zahlen wieder: Die *Dürr*-Geschäftsbilanz für das Jahr 2004 weist eine viel zu niedrige Profitabilität aus. Bei einem weltweiten Umsatz von 2,14 Milliarden Euro beträgt der Gewinn nach Steuern gerade einmal 4,7 Millionen Euro. Ein Jahr später gerät *Dürr* endgültig in ernst zu nehmende Nöte, denn auch die Kreditgeber werden nervös: Ohne vorherige Absprache veräußert die *Commerzbank* eine Forderung in Höhe von ca. 40 Millionen Euro. Hedgefonds, die beabsichtigen, maßgebenden Einfluss auf die Geschäftsstrategie von *Dürr* zu gewinnen, sichern sich diese Forderung. Das Unternehmen ist in ernsten Schwierigkeiten. Wie konnte es in so kurzer Zeit dazu kommen?

Hans Dieter Pötsch ist sich bei seinem Einstieg mit Heinz Dürr darüber einig, dass die Marktanteile im Kerngeschäft der Lackieranlagensysteme nicht ohne Weiteres gesteigert werden können. Zusätzliches Wachstum soll durch den Eintritt in neue Geschäftsfelder erreicht werden. Im Jahr 1999 erfolgt der Startschuss zu einer Reihe von strategischen Übernahmen, die den Umsatz des Unternehmens innerhalb kurzer Zeit um zwei Drittel in die Höhe schießen lassen – es aber auch an seine finanzielle Leistungsgrenze bringen.

Zunächst übernimmt *Dürr* das US-Unternehmen *Premier Manufacturing Support Services* und steigt damit in das Servicegeschäft ein. *Premier* ist auf die Reinigung und Instandhaltung von Produktionsanlagen spezialisiert und bietet Lösungen für

Premier-Mitarbeiter, 2002.

Materiallogistik und Qualitätsmanagement. Mit dem Kauf von *Premier* verbindet *Dürr* eine zentrale Vision: Die Kunden sollen nicht nur schlüsselfertige Lackierereien kaufen, sondern zugleich ein professionelles Dienstleistungsangebot für den laufenden Betrieb der Anlagen buchen.

Im selben Jahr erwirbt *Dürr* die Hälfte von *Alstom Automation*. Die Tochter des französischen Industrieausrüsters ist zu dieser Zeit der führende Hersteller von Lackieranlagen in Frankreich. Nach dem Kauf wird das Unternehmen in *Dürr-AIS* umbenannt. Durch die Übernahme bekommt das Frankreichgeschäft neuen Schwung, allerdings entstehen auch Doppelstrukturen: Die französische Tochter war vor der Übernahme auf vielen Märkten bereits neben *Dürr* aktiv, nun muss man Überkapazitäten abbauen.

Wenige Wochen später bahnt sich eine noch aufwendigere und kostenintensivere Akquisition an, die sogar die *Behr*-Übernahme in den Schatten stellen soll: *Dürr* will den deutschen Technologiekonzern *Schenck* übernehmen. Das Unternehmen ist mit *Schenck RoTec* die weltweite Nummer eins in der Mess- und Auswuchttechnik und rangiert mit *Schenck Process* auch in der Wäge- und Dosiertechnik im Spitzenfeld. Mit der Prüftechnik deckt *Schenck* einen weiteren, völlig neuen Bereich für *Dürr* ab. Zudem hat das Unternehmen eine starke Marktposition in der Befüll- und Montagetechnik für die Automobilindustrie – vor allem darauf hat *Dürr* es abgesehen. Die

Endmontage von Autos ist ein Wachstumsmarkt, der noch vergleichsweise wenig automatisiert ist. Und noch ein weiteres Kalkül steckt hinter der Übernahme: Wenn Kunden schlüsselfertige Lackierereien kaufen, dann dürfte auch ein Angebot für komplette Montagelinien auf Nachfrage stoßen. Mit *Schenck* hat *Dürr* sein Spektrum für die Automobilindustrie über das Lackiertechnikgeschäft hinaus also stark erweitert.

Auswuchtanlage von Schenck, 2003.

Im April 2000 übernimmt *Dürr* schließlich offiziell 76,4 Prozent der Anteile an der *Carl Schenck AG*.[137] Bis 2004 erwirbt *Dürr* die restlichen Anteile. Damit kann die *Carl Schenck AG* vollständig in *Dürr*'sches Eigentum übergehen, nachdem die Integration in die bestehende Konzernstruktur bereits seit 2000 sukzessiv erfolgt ist.

Schenck-Hauptsitz in Darmstadt, 2004.

DAS TRADITIONSUNTERNEHMEN SCHENCK

Am 1. Oktober 1881 gründet der Maschinenbauer Carl Schenck in Darmstadt eine Eisengießerei. Bereits 1863 hatte er die Mannheimer Maschinenbaufirma *Schenck, Mohr & Elsässer* mitbegründet, deren technischer Angestellter der spätere Pionier des Automobilbaus Carl Benz war. Der ausgeprägte Geschäftssinn des Gründers beschert auch seinem neuen Betrieb frühe Erfolge und einen guten Ruf. Durch die dynamische Entwicklung der Firma wird das Produktprogramm bereits 1902 um Förder- und Prüftechnik erweitert. Fünf Jahre später steigt *Schenck* auch in die Auswuchttechnik ein. In den 1920er-Jahren schließt die Eisengießerei; etwa zur selben Zeit erweitern Leistungsbremsen und Bremsprüfstände die Produktpalette. In der NS-Zeit ist das Unternehmen in die Rüstungswirtschaft eingebunden und setzt Zwangsarbeiter ein. Im Zweiten Weltkrieg wird das Werksgelände bei mehreren Luftangriffen schwer beschädigt. In der Nachkriegszeit expandiert *Schenck* stark: In den 1960er-Jahren werden Fertigungsstätten und Niederlassungen in zahlreichen Ländern gegründet, sowohl in Europa als auch in Übersee. Neben dem traditionellen Bau von Einzelmaschinen bietet man nun verstärkt auch die Planung und Lieferung von Gesamtanlagen an.

1984 folgt der Börsengang. In den 1990ern gerät das Unternehmen in Schwierigkeiten, muss sich neu aufstellen und von traditionsreichen Unternehmensbereichen trennen. Nach der Übernahme durch *Dürr* bleibt der Hauptstandort in Darmstadt. Dort befinden sich auch die Tochterunternehmen *Schenck RoTec GmbH* und *Schenck Technologie- und Industriepark GmbH*.

DIE AKQUISITIONEN MÜSSEN FINANZIERT WERDEN

Die Strategie hinter dem *Schenck*-Kauf führt direkt zu einem ersten Erfolg: *Opel* bestellt eine komplette Montage-linie für das Stammwerk in Rüsselsheim. Der Auftrag, den weder *Dürr* noch *Schenck* allein hätten abwickeln können, wird mit vereinten Kräften gestemmt. Trotz des verheißungs-vollen Auftakts bleibt das Geschäft in der Fahrzeugendmontage aber in der Folge hin-ter den Erwartungen zurück. Die Kunden setzen dort seltener auf Komplettlösungen als beim Bau von Lackierereien und wollen sich nicht zu sehr in die Abhängigkeit von einem einzelnen Zulieferer begeben.

Für *Dürr* geht es nach den Akquisitionen aber zunächst darum, das erkaufte Wachs-tum finanziell zu verkraften. Zwar hat das Unternehmen binnen kürzester Zeit seine Kompetenzen erheblich erweitert. Aber die Übernahmen von *Premier*, *Schenck* und

Die Gewinner des ersten Heinz Dürr Innovation Awards, 2001.

„HEINZ DÜRR INNOVATION AWARD" UND „RODIP"

Heinz Dürr findet seine eigene Antwort, um in schwierigen Zeiten neue Impulse zu setzen: Mit einer Auszeichnung will er herausragende Leistungen der Mitarbeiter der *Dürr*-Gruppe würdigen. Seit 2001 werden mit dem „Heinz Dürr Innovation Award" (kurz „HDIA") Projektteams ausgezeichnet, die in besonderer Weise zu mehr Kundennutzen und damit zur Verbesserung der Wettbewerbsposition von *Dürr* beigetragen haben.[138]

Im selben Jahr wird bei *Dürr* ein neues innovatives Lackier-verfahren eingeführt. *Dürr* übernimmt das vom Energie- und Automatisierungstechnik-Konzern *ABB* entwickelte „RoDip"-Verfahren für eine wirtschaftlichere, qualitativ hochwertige Vorbehandlung und Elektrotauchlackierung von Fahrzeug-karosserien. „RoDip" steht für „Roll over Dip", was die Be-sonderheit des Verfahrens andeutet: Während die Karosserie das Tauchbecken (engl. „dip tank") durchläuft, rotiert sie einmal um die eigene Achse. Durch diese „Rolle vorwärts" werden alle Bereiche der Karosserie inklusive der Hohlräume gleichmäßig beschichtet. Noch im selben Jahr gehen bei *Dürr* „RoDip"-Aufträge von *Volkswagen* und *BMW* ein. In den nächsten Jahren werden die Weiterentwicklung und Vermarktung von „RoDip" vorangetrieben. Schnell etabliert sich „RoDip" als wichtiger Bestandteil im Produktportfolio und untermauert die Innovationsführerschaft von *Dürr*.[139]

Einführung des Rotationstauchverfahrens „RoDip", 2001.

Heinz Dürr an seinem 70. Geburtstag zusammen mit Hans Dieter Pötsch (l.) und Stephan Rojahn (r.), 2003.

Alstom Automation konnten nur mit umfangreichen Krediten realisiert werden – und die Geldgeber und Aktionäre wollen nun Ergebnisse sehen. Der bedeutendste Gradmesser hierfür ist die Umsatzrendite, die im Jahr 2000 bei *Dürr* nur 1,1 Prozent nach Steuern beträgt. Ziel ist es, diesen Wert für den gesamten Konzern mittelfristig deutlich zu steigern. Mit einem Kostensenkungsprogramm sollen bis Ende des Jahres 2001 zunächst Ertrags- und Einsparpotenziale in allen Unternehmensbereichen genutzt werden. Im Geschäftsbereich Lackieranlagen wird eine Produktstandardisierung durch-

geführt, auf Konzernebene will *Dürr* die internationale Zusammenarbeit effizienter machen: Standorte werden „verschlankt". Die Strategie der Kostensenkung ist nicht nur eine Antwort auf die mit den Zukäufen angehäufte Verschuldung, sondern auch auf den Preisdruck im verschärften Wettbewerbsumfeld der Automobilindustrie.

Doch die Einsparpotenziale sind geringer als geplant, der schnelle Erfolg bleibt aus. Die Umsatzrendite nach Steuern bleibt 2001 mit 1,1 Prozent weiterhin auf einem zu niedrigen Niveau. Bei einem Umsatz von 2,20 Milliarden Euro erreicht der Gewinn nach Steuern nur 24,7 Millionen Euro. Weltweit wächst *Dürr* zwar inzwischen auf 12.675 Mitarbeiter, ein großer Teil der Belegschaft arbeitet allerdings im personalintensiven Servicegeschäft von *Premier*.

Zum ersten Mal seit langer Zeit gehen die Pläne bei *Dürr* nicht mehr auf wie erhofft, die Akquisitions- und Wachstumsstrategie gerät ins Wanken. Die Krise, die sich langsam anbahnt, reiht sich ein in eine Phase mehrerer negativer wirtschaftlicher und geopolitischer Entwicklungen. Diese nimmt ihren Anfang im Frühjahr 2000, als die „Dotcom"-Spekulationsblase platzt, was vielen Anlegern hohe Verluste beschert. Nachdem sich Technikinnovationen wie Internet, Handheld-Computer und Mobiltelefone durchgesetzt haben, ist die Euphorie für Investitionen in Internetunternehmen zunächst groß. Viele Anleger hoffen, dass sich die Börsengänge der Start-ups aus der „New Economy" so profitabel entwickeln wie *Microsoft* und *Apple* in den 1980er-Jahren. Doch viele Unternehmen sind massiv überbewertet und gehen bald unter. Auch politisch geht der Optimismus der 1990er-Jahre schnell verloren. Die 2000er werden von den erschütternden Ereignissen des 11. September 2001 überschattet. Ab diesem Tag dominieren internationaler Terrorismus und die Kriege in Afghanistan und dem Irak die Schlagzeilen – die Hoffnungen auf eine neue Epoche in Frieden und Wachstum, die mit dem Untergang des Ostblocks begann, haben sich endgültig zerschlagen.

„EIN VERDURSTENDER FRAGT AUCH NICHT, WAS DIE FLASCHE WASSER KOSTET" – DÜRR IN DER KRISE

In diesen unruhigen Zeiten findet bei *Dürr* ein personeller Wechsel an der Spitze statt: Stephan Rojahn wird im Januar 2003 neuer Vorstandsvorsitzender und löst damit Hans Dieter Pötsch ab, der in den Vorstand von *Volkswagen* wechselt. Rojahn war zuvor in der Geschäftsführung der *Robert Bosch GmbH* – des weltweit zweitgrößten Automobilzulieferers – und ist dementsprechend mit der Branche bestens vertraut. Zudem soll *Bosch*-Chef Hermann Scholl dem Aufsichtsratsvorsitzenden Heinz Dürr die persönliche Empfehlung gegeben haben, dass Rojahn der Richtige für die herausfordernde Aufgabe an der Spitze des Konzerns sei.[140] Und die Zeit drängt: *Dürr* ist mittlerweile auf dem Weg in die roten Zahlen.

Im Blick hat Rojahn vor allem die schnelle Steigerung des Gewinns. Dabei knüpft er an das Kostensenkungsprogramm seines Vorgängers an, legt aber den Schwerpunkt auf

Risikominimierung, denn vor allem im Anlagenbau treten immer wieder größere Verluste auf. Hier erhält *Dürr* zwar große Auftragsvolumina, nimmt den Kunden aber auch viele Risiken ab – und das bei hart umkämpften Margen. Rojahn bringt ein Verbesserungsprogramm auf den Weg, das die Ertragsrisiken mindern und ergebnisbelastende Mehrkosten vermeiden soll, doch er wird schließlich nicht erfolgreich sein.

Dürr bleibt in der Zwickmühle: Im operativen Geschäft sind die Margen zu niedrig und ein Großteil des mageren Gewinns wird von den hohen Zinsen der Bankschulden aufgefressen. 2004 geht es nur noch um eine Refinanzierung der hohen Schulden. *Dürr* nimmt eine Unternehmensanleihe mit einem Zinssatz von fast 10 Prozent auf – attraktiv für die Investoren, aber belastend für das Unternehmen.

Noch unangenehmer wird es, als die Probleme zusehends an die Öffentlichkeit gelangen: Kunden werden durch Medienberichte verschreckt, die *Dürr* als „angeschlagenen Anlagenbauer" bezeichnen. Investoren sorgen sich wegen immer neuer Gewinnwarnungen. 2003 erhält *Dürr* zwar den größten Auftrag der Firmengeschichte – *General Motors* bestellt in Nordamerika drei Lackierereien –, das Ergebnis nach Steuern ist jedoch negativ.

Der Betriebsratsvorsitzende Peter Weingart findet deutliche Worte und kritisiert, man habe sich bei der Einkaufstour der letzten Jahre übernommen, das „manager magazin" spricht von „Selbstüberschätzung" des Führungspersonals bei den Übernahmen von *Alstom Automation*, *Premier* und *Schenck*.

Als 2005 die *Commerzbank* schließlich als erster Geldgeber nervös wird und ihren Anteil an einem von *Dürr* genutzten Konsortialkredit verkauft, ist die Krise perfekt – denn der *Commerzbank*-Anteil wird von einem Hedgefonds übernommen und auch andere Banken wollen aus der misslichen Lage der Unternehmensgruppe nun Kapital schlagen. Heinz Dürr erinnert sich: „Als unser Vorstand darauf hinwies, dass die Firma die nächsten fünf Jahre ja nur noch für die Banken arbeiten würde, wenn er auf diese Bedingungen einginge, meinte ein Banker: ‚Ein Verdurstender fragt auch nicht, was die Flasche Wasser kostet.'"[141]

VOM FAMILIENUNTERNEHMEN DÜRR ZUR GLOBALEN MARKE

2005
—
HEUTE

Ralf Dieter im Jahr
seines Eintritts in den Vorstand
der Dürr AG, 2005.

Mitte 2005 gibt es eine Krisensitzung bei *Dürr*. Die Lage ist ernst: Das Unternehmen hat netto über 300 Millionen Euro Finanzschulden. „Ich habe jeden Morgen einen Insolvenzanwalt angerufen, ob wir Pleite anmelden müssen", erinnert sich Ralf Dieter, der seit 2005 im *Dürr*-Vorstand ist.[142] „Die Banken hatten uns am Haken. Wir konnten nicht mehr handeln", erläutert der heutige CEO. Die Sanierungsprogramme der vergangenen Jahre hatten keinen durchgreifenden Erfolg gezeigt, aber „das Offensichtlichste war: Wir brauchten Geld, wir brauchten nicht schon wieder über eine neue Strategie reden!" Dieter schlägt einen komplett neuen Plan vor: „Wir müssen Teile von *Schenck* verkaufen, die nicht zum Kerngeschäft gehören." Das Tafelsilber veräußern? Bisher kaum vorstellbar beim erfolgsverwöhnten Traditionsunternehmen *Dürr*. Doch Dieter genießt das Vertrauen von Heinz Dürr – und damit steuert der 44-jährige Volkswirt das Unternehmen auf einen neuen Kurs.

Ralf Dieter ist kein Unbekannter bei *Dürr*. 2003 wird er zunächst Vorstandsvorsitzender bei *Schenck* und kann den Konzern sanieren – gemeinsam mit Dr. Jochen Weyrauch, der heute stellvertretender Vorstandsvorsitzender bei *Dürr* ist. Dieter ist locker, umgänglich und kontaktstark. Ein Reporter des Handelsblatts fühlt sich angesichts seiner äußeren Erscheinung eher an einen Studienrat erinnert als an einen Topmanager. Doch der Schein trügt: Dieter ist ein Macher. Er ist zielorientiert, redet Klartext und bringt die notwendige Tatkraft, Erfahrung und fachliche Kompetenz mit, um *Dürr* mit einem klaren Plan aus der Krise zu führen.[143] Die Rückbesinnung auf das Kerngeschäft mit der Automobilindustrie soll *Dürr* wieder in die Erfolgsspur bringen.

„UND BITTE ALLE UNTERSCHREIBEN" – EINE GENERALÜBERHOLUNG FÜR DÜRR

Bald nach der Krisensitzung Mitte 2005 gibt es im Frühherbst ein weiteres großes Meeting: Dieses Mal ist nicht nur der Vorstand dabei, sondern auch viele Bereichs- und Abteilungsleiter mit direktem

Dürr-Befüllanlage.

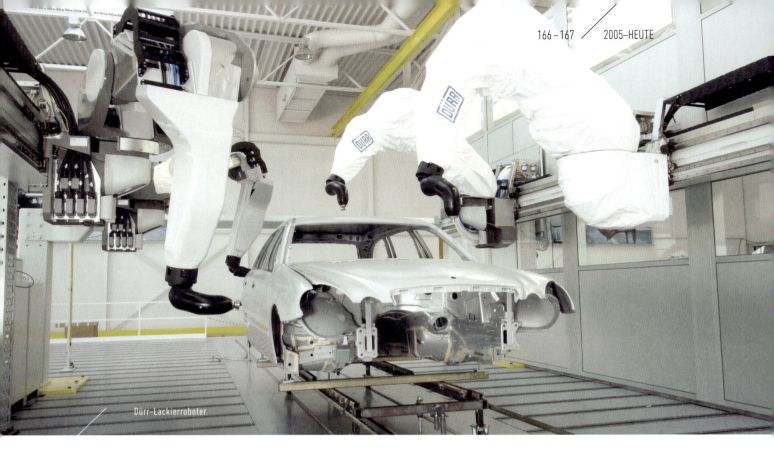

Dürr-Lackierroboter.

Draht in die Belegschaft. Ralf Dieter und der neue Finanzvorstand Martin Hollenhorst präsentieren ihr Programm „FOCUS", das *Dürr* wieder auf Kurs bringen soll. Die beiden behandeln komplexe Themen, doch im Mittelpunkt ihrer Präsentation steht ein Plakat, das FOCUS klar und prägnant zusammenfasst. Und das Meeting endet mit einer ungewöhnlichen Aufforderung: Alle Anwesenden sollen das Plakat eigenhändig unterschreiben. Dieter und Hollenhorst möchten ihre Führungskräfte mit ins Boot holen und direkt und persönlich für FOCUS gewinnen.

Das Programm selbst gleicht einer Generalüberholung des Konzerns. Schon im Februar 2005 hatte *Dürr* auf Druck der Banken das Servicegeschäft von *Premier* an *Voith* veräußert. Jetzt trennt sich *Dürr* von weiteren Unternehmensteilen, die nicht zum Kerngeschäft gehören, nämlich von der Prüf-, Mess- und Prozesstechnik von *Schenck* (*Schenck Pegasus* und *Schenck Process*). Nach den beiden Verkäufen verbleiben von der fünf Jahre zuvor erworbenen *Schenck*-Gruppe noch die Auswuchttechnik sowie die Befüll- und Montagetechnik. Die Unternehmensverkäufe spülen insgesamt 315 Millionen Euro in die Kasse und senken die Finanzschulden drastisch. Weiteres Vertrauen entsteht bei den Investoren, als Heinz Dürr im November eine Kapitalerhöhung zeichnet – der Ankeraktionär steht also hinter dem Kurs des neuen Managements.

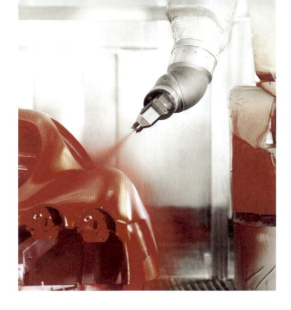

Parallel zur Entschuldung werden breit angelegte Prozessoptimierungen ebenso wie die Vereinheitlichung der IT-Systeme und der Ausbau des margenstärkeren Servicegeschäfts eingeleitet. Auch eine Verkleinerung der Belegschaft in den etablierten Märkten (besonders in den USA), eine Verschlankung der Standortstruktur und eine klare Arbeitsteilung im Anlagenbau gehören zu FOCUS. Großprojekte sollen zukünftig nicht mehr ohne Mitwirkung des „System Center" Stuttgart abgewickelt werden. Der Anlagenbau wird also fortan zentral gesteuert. Und das Programm trägt schon bald erste Früchte: Das Jahr 2006 kann mit einem Umsatz von 1,36 Milliarden Euro und einem Nachsteuergewinn von 8,2 Millionen Euro abgeschlossen werden. Dieter hat *Dürr* auf einen neuen Kurs gebracht, der Konzern schreibt wieder schwarze Zahlen. Am 1. Januar 2006 tritt er das Amt des Vorstandsvorsitzenden an.

Die finanzielle Erholung und die strukturellen Veränderungen durch FOCUS sind wichtige Bausteine in der Unternehmensentwicklung. Doch um die Zukunftsfähigkeit des Unternehmens zu sichern, sind ein echter Kulturwandel und ein neues Miteinander nötig: Statt Formalismus und Alleingängen sollen Pragmatismus und Teamgeist die Unternehmenskultur prägen. Ein Klima, das förderlich ist für offene Kommunikation, soll zu schnelleren Entscheidungen und mehr Flexibilität führen – ein Klima, das in den Jahren der starken Expansion vielleicht ein wenig verloren gegangen ist. Auf den Management-Tagungen geht es fortan nicht mehr nur um nüchterne Zahlen, sondern auch Teambuilding-Maßnahmen, wie etwa Tischkickerturniere, stehen auf der Agenda. Führungskräfte und Mitarbeiter sollen miteinander sprechen, und zwar über Bereichsgrenzen hinweg. Alle Beschäftigten sind über die Pläne informiert, mit eingebunden, fühlen sich deswegen mitverantwortlich und tragen ihren Teil zum Gelingen bei. Schritt für Schritt entstehen Zuversicht und Aufbruchstimmung. Die Krise und ihre Überwindung sind also nicht nur für das Unternehmen ein Neubeginn, sondern auch eine wichtige Zäsur in der Unternehmenskultur.

Ein neuer Teamgedanke – auch abseits der Werkshallen und Büros: Dürr-Tennisteam, 2008.

RÜCKGRAT, DENKFABRIK UND INNOVATIONSZELLE –
DER NEUE DÜRR-CAMPUS

Die von Ralf Dieter angestrebte Fokussierung beschränkt sich nicht nur auf die betrieblichen Prozesse und Strukturen. Seit dem Kauf der Firma *Behr* betreibt *Dürr* das Lackiertechnikgeschäft in Deutschland an zwei Standorten: In Stuttgart-Zuffenhausen ist die Anlagentechnik angesiedelt und 15 Kilometer weiter nördlich, am Standort Bietigheim-Bissingen, sitzt die Applikationstechnik. Die Trennung ist für das Unternehmen eine zunehmende Belastung: Sie kostet nicht nur Geld und Zeit,

sie macht es auch für die Mitarbeiter verschiedener Abteilungen schwieriger, miteinander zu kommunizieren. Und bei den Kunden werden die verschiedenen Sparten oft nicht einmal als ein gemeinsames Unternehmen wahrgenommen.

Eine Zusammenlegung der Standorte ist die naheliegende Lösung. Doch statt aus dem Firmensitz heraus einfach die Schließung des zugekauften Standorts in Bietigheim-Bissingen anzuordnen, sieht der Vorstand eine wichtige Chance für die Zukunft: den

BLICKWINKEL DR. PAVEL SVEJDA

Sie sind bereits seit 25 Jahren bei *Dürr*. Wenn Sie an Ihre Anfangszeit zurückdenken: Wie hat sich das Unternehmen seither verändert?

Pavel Svejda: Als ich 1996 bei *Dürr* angefangen habe, waren wir zwei unterschiedliche Firmen, die sich zwar beide mit dem Lackieren beschäftigt haben, jedoch räumlich und auch im Kopf getrennt voneinander agiert haben. Hier in Bietigheim die Applikationstechnik, dort die „Stuttgarter" von der Anlagentechnik. Und genauso haben uns auch die Kunden gesehen: zwei Firmen mit einer unterschiedlichen Kultur. An meinem ersten Arbeitstag durfte ich gleich an einem größeren Meeting teilnehmen, in dem es um letzte Konzeptänderungen an unserem Roboter der ersten Generation ging. Heute haben wir weit über 10.000 Lackierroboter im Markt, sind zum Weltmarktführer in diesem Bereich aufgestiegen. Und wir sind zusammengewachsen. Begünstigt durch den Umzug und die Errichtung des Campus in Bietigheim, aber auch durch ein junges, motiviertes Team. In dieser Zeit hat sich *Dürr* von einem Anlagenhersteller zu einem global agierenden Technologieunternehmen gewandelt.

DR. PAVEL SVEJDA kam 1996 zu *Dürr* und arbeitet seither im Vertrieb. Als Key Account Manager betreut er Kunden wie *Ford*, *GM*, *Chrysler*, *PSA* sowie indische Autobauer und amerikanische Hersteller von Elektroautos.

Spatenstich für den neuen Campus, 2008 (v. l. n. r.): Jürgen Kessing (Oberbürgermeister Bietigheim-Bissingen), Tanja Gönner (Umweltministerin Baden-Württemberg), Ralph Heuwing und Ralf Dieter.

Aufbau eines neuen „*Dürr*-Campus", der die Konzernzentrale bildet und dem Unternehmen eine neue, gemeinsame Identität verleiht. Doch die Sache hat einen Haken. Der passende Standort für den Campus ist nicht die traditionsreiche *Dürr*-Heimat in Stuttgart, sondern das mit dem *Behr*-Kauf hinzugekommene Gelände in Bietigheim-Bissingen, wo es erheblich bessere Erweiterungsmöglichkeiten gibt.

Die betriebswirtschaftlichen Argumente sind stichhaltig. Doch auch Ralf Dieter weiß, was für eine Tragweite diese Entscheidung hat und wie sehr sie den Wesenskern von *Dürr* berührt. So sucht er die Unterstützung von Heinz Dürr, der nicht nur als Aufsichtsratsvorsitzender, sondern vor allem als die zentrale Identifikationsfigur eine wichtige Rolle spielt.

Und Heinz Dürr stellt sich hinter das Projekt. Die Entscheidung fällt dem erfahrenen Unternehmer zwar nicht leicht, doch er weiß auch, wie wichtig es ist, Chancen zur Weiterentwicklung zu ergreifen. Heinz Dürr gibt seine Zustimmung zum Campus – und macht es sich zur Aufgabe, das restliche Unternehmen mit ins Boot zu holen. In einer Mitteilung schreibt er schließlich: „Naturgemäß ist es für mich, der vor 50 Jahren in der Spitalwaldstraße bei *Dürr* angefangen hat, nicht ganz leicht wegzugehen an einen anderen Ort. Trotzdem freue ich mich jetzt über das neue Projekt, über die Chance, ein zukunftweisendes Zeichen zu setzen."[144]

So ist also der Weg bereitet für den Startschuss zum neuen *Dürr*-Campus. Die Lackieranlagentechnik, das Umwelttechnik- und das Endmontagegeschäft sowie die Hauptver-

Eröffnen den Dürr-Campus (v. l. n. r.):
Bietigheim-Bissingens Oberbürgermeister Jürgen Kessing, Heinz Dürr,
Ministerpräsident Günther Oettinger, Ralf Dieter und Ralph Heuwing.

EIN „ZEICHEN GEGEN DIE DEPRESSION"

Auch Baden-Württembergs Ministerpräsident Günther Oettinger würdigt den neuen *Dürr*-Standort und bezeichnet den Bau als „Zeichen gegen die Depression".[145] Denn der Neubau entsteht mitten in der globalen Finanz- und Wirtschaftskrise, die – beginnend mit der Pleite der US-amerikanischen Investmentbank *Lehman Brothers* im September 2008 – zunächst den internationalen Bankensektor massiv erschüttert. Ein rasanter Anstieg der Staatsverschuldung einzelner Länder des Euroraums führt dann zu einer Schuldenkrise. Die Folgen dieser ökonomischen Turbulenzen bringen auch die deutsche Wirtschaft in ernsthafte Bedrängnis.[146]

Die Krise sorgt zwar auch bei *Dürr* zunächst für Verunsicherung; im Schlussquartal 2008 sinkt der Auftragseingang bedenklich weit unter das Normalniveau. Dennoch gibt es kurz vor Jahresende schon wieder einen Großauftrag von *BMW* und in der Jahresmitte 2009 setzt eine Besserung ein. *Dürr* bewältigt die Krise auch deshalb so gut, weil das Programm FOCUS das Unternehmen frühzeitig effizienter und robuster gemacht hat. Das Ergebnis vor Zinsen und Steuern bleibt auch 2009 positiv.

waltung werden nach Bietigheim-Bissingen verlegt, wo ein moderner Gebäudekomplex mit neuem Kunden- und Technologiezentrum entsteht. Nach der Entschuldung, die Ende 2005 mit erheblichem Aufwand gelungen ist, finanziert *Dürr* den rund 60 Millionen Euro teuren Um- und Neubau zunächst über Leasing und behält damit an anderen Stellen seine finanziellen Handlungsspielräume.

Dabei drohen auf der Zielgeraden noch einmal Schwierigkeiten, als sich die internationale Finanzkrise 2008 zu einer veritablen Wirtschaftskrise ausweitet. Doch *Dürr* ist nach den eigenen Krisenerfahrungen auch auf solche Unwägbarkeiten vorbereitet und lässt sich nicht vom Kurs abbringen: Im Juli 2009 ist der Bau termingerecht fertiggestellt und bietet mehr als genug Platz für die zu dieser Zeit rund 1.500 *Dürr*-Mitarbeiter am Standort. Die offizielle Einweihung findet am 14. Oktober desselben Jahres statt. Ralf Dieter hebt dabei die perspektivische Bedeutung des Bauprojekts hervor: „Der Campus ist ein Signal, dass wir an die Zukunft und das Wachstum unserer Märkte glauben. Er bietet unseren Mitarbeitern ein modernes Arbeitsumfeld, in dem sie ihre Fähigkeiten optimal entfalten können. Zudem ist er Rückgrat, Denkfabrik und Innovationszelle unseres Geschäfts."[147] Der Umzug aus den traditionsreichen Räumlichkeiten der Spitalwaldstraße in den neuen Campus ist aber auch ein wichtiger Schritt in einem Unternehmen, das sich allmählich unabhängig von der Familie entwickelt.

EINE NEUE AKQUISITIONS-STRATEGIE: „DÜRR 2010"

Schneller als viele Mitbewerber ist *Dürr* nach dem Ende der Finanzkrise wieder auf Wachstumskurs. Die Sanierung und die Umstrukturierungen haben das Unternehmen stark gemacht. Die Akquisitionsstrategie wird fortgesetzt – zunächst allerdings nicht mehr mit kostspieligen Übernahmen ganzer Konzerne. Intern heißt die Neuausrichtung „Dürr 2010". Damit sollen durch kleinere Firmen- und Technologiezukäufe neue Geschäftsfelder erschlossen werden,

die technologisch an vorhandene Aktivitäten anknüpfen. Hohe Schulden sollen bei den Akquisitionen unbedingt vermieden werden. Es wird in zukunftsfähige Technologien und Start-ups investiert. Treiber hinter der neuen Akquisitionsstrategie ist neben Ralf Dieter der Finanzvorstand Ralph Heuwing, der seit 2007 bei *Dürr* ist.

Als Erstes übernimmt die Konzerntochter *Schenck RoTec GmbH* bereits im April 2009 die französische Gesellschaft *Datatechnic S.A.*, die rund 40 Mitarbeiter beschäftigt und auf Auswuchttechnik für Turbolader spezialisiert ist – ein Wachstumsmarkt, denn bei zunehmend sparsameren Motoren setzt die

Scheibenkleben in der Endmontage.

Automobilindustrie verstärkt auf leistungsfähigere Turbolader. Im Dezember 2009 erwirbt *Dürr Ecoclean* die schweizerische *UCM AG*, einen der führenden europäischen Anbieter von Feinstreinigungstechnik etwa für optische Linsen oder medizinische Implantate. 2010 folgt die Akquisition der Unternehmen *Kleinmichel* und *Helmut Rickert*. Beide verfügen über Produkte und das Know-how für Klebeanlagen im Automobilrohbau und in der Fahrzeugendmontage. Die beiden Akquisitionen ergänzen sich mit vorhandenen Kompetenzen im Roboterbereich „Application Technology". Auch in der Befülltechnik, die bei *Schenck* angesiedelt ist, verstärkt sich *Dürr* und übernimmt 2011 den dänischen Anbieter *Agramkow*.

RESSOURCEN SCHONEN MIT DEM ECODRYSCRUBBER

2008 stellt *Dürr* den EcoDryScrubber vor, mit dem überschüssiger Lack (sogenannter Overspray) in der Lackierkabine trocken und damit umwelt- und ressourcenschonend abgeschieden werden kann. Anstelle von Wasser verwendet das System Kalksteinmehl als Bindemittel für alle Lackarten. Mit dem EcoDryScrubber fallen in den Lackierkabinen etwa 60 Prozent weniger Energiekosten an und der CO_2-Ausstoß kann im Vergleich zu den Vorgängern um ca. 5.200 Tonnen pro Jahr gesenkt werden. Auch der Kabinenquerschnitt verkleinert sich mit dem Einsatz der Technologie um bis zu 35 Prozent. Die Entwicklung findet in der Fachwelt große Beachtung und unterstreicht die Innovationsführerschaft *Dürrs*: Für den EcoDryScrubber erhält das Unternehmen 2010 den „Innovationspreis der deutschen Wirtschaft" und ein Jahr später den „BMW Supplier Innovation Award" für Nachhaltigkeit.

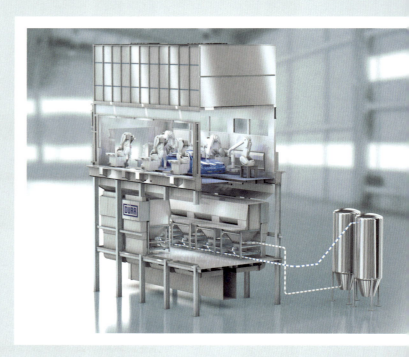

DAS ENDE EINER ÄRA: HEINZ DÜRR GIBT DEN AUFSICHTSRATSVORSITZ AB

2013 geht bei *Dürr* eine Ära zu Ende: Nach 23 Jahren an der Spitze des Aufsichtsrats der *Dürr AG* legt Heinz Dürr sein Amt kurz vor seinem 80. Geburtstag nieder. Zu seinem Nachfolger wählt der Aufsichtsrat den ehemaligen *Rheinmetall*-Chef Klaus Eberhardt. Heinz Dürr wird zum Ehrenvorsitzenden des Aufsichtsrats auf Lebenszeit ernannt. Ein halbes Jahr zuvor hatte er auf dem Maschinenbau-Gipfel in Berlin den „Preis Deutscher Maschinenbau" entgegennehmen können – für seine unternehmerischen Leistungen mit gesellschaftlichem Mehrwert und sein gemeinnütziges Engagement über die „Heinz und Heide Dürr Stiftung", in die er sich in der Folge noch stärker einbringt.

Für das Unternehmen bleibt die Familie aber wichtiger Ankeraktionär: Gemeinsam mit der Stiftung besitzt sie 29 Prozent der Anteile an der *Dürr AG*. Und mit der Neurologin Prof. Dr. Dr. Alexandra Dürr, einer der drei Töchter von Heinz und Heide Dürr, ist die Familie weiterhin im Aufsichtsrat vertreten. Alexandra Dürr gehört dem Kontrollgremium seit 2006 an und sieht Parallelen zwischen der unternehmerischen Welt und

Heinz Dürr beim
6. Maschinenbau-Gipfel, 2012.

ihrem Forschungsgebiet: „Entscheidungen müssen immer ähnlich getroffen werden. Als Neurologin befasse ich mich besonders mit Systemen und Energie in Nervenzellen. Diese müssen energiesparend und so effektiv wie möglich arbeiten. Im Maschinenbau ist es ähnlich."[148]

BLICKWINKEL ALEXANDRA DÜRR

Welche Rolle spielt die Firma *Dürr* für die Familie Dürr? Wo sehen Sie Parallelen zwischen Ihrer Arbeit in der medizinischen Forschung und dem Unternehmen?

Alexandra Dürr: Als Kind durfte ich meinen Vater sonntags in die Firma begleiten. Wenn ich Glück hatte, durfte ich in der Fabrikhalle Kran fahren, wenn es nicht so gut lief, durfte ich mit Druckluft Post verschicken.
Das Einzige, was sich in den letzten 125 Jahren bei *Dürr* nicht verändert hat, ist das Engagement und die stete Mitarbeit unserer Familie: von meinem Urgroßvater, Großvater, Vater und Onkel sowie von meiner Großmutter, Mutter und den Geschwistern. Es ging immer um das aktive Interesse an der Weiterentwicklung der *Dürr AG*.
Seit 2006 bin ich Mitglied im Aufsichtsrat als Vertreterin des Ankeraktionärs. Meine Arbeit in der klinischen Forschung hat mich gelehrt, kritisch zu Altem und Neuem zu stehen, immer zukunftsorientiert zu denken, international konkurrenzfähig zu sein sowie die Menschen, mit denen man zusammenarbeitet, im Auge zu behalten.

PROF. DR. DR. ALEXANDRA DÜRR lehrt und forscht im Bereich medizinische Genetik an der Sorbonne Université und am Institut du Cerveau et de la Moelle épinière (ICM) in Paris. Die Tochter von Heide und Heinz Dürr gehört seit dem Jahr 2006 dem Aufsichtsrat der *Dürr AG* an.

BLICKWINKEL
ANDREJ CAPEK

Sie waren für *Dürr* auf Baustellen in der ganzen Welt unterwegs und bauen nun die Landesgesellschaft in Vietnam auf. Aus welchem Holz muss man für eine Karriere mit so vielen Auslandsstationen geschnitzt sein?

Andrej Capek: Das ist auf jeden Fall die richtige Frage, denn sicher ist nicht jeder in der Lage, solche Einsätze über einen längeren Zeitraum durchzuhalten. Doch in meinem Fall hat mich meine Frau sehr unterstützt. Sie ist ein großartiger Mensch und hat ihre Karriere aufgegeben, um mir die Arbeit an verschiedenen Einsatzorten zu ermöglichen. Wir haben sehr gerne in Ländern wie Indien, Thailand, Schweden oder Russland gelebt und unser zweiter Sohn ist während unseres Aufenthalts in Polen zur Welt gekommen. Ich könnte mir dieses Leben in Bewegung nicht ohne meine Frau und unsere Kinder vorstellen.

Wenn man so viel herumkommt, ist es wichtig, sich für neue Kulturen zu interessieren und sich für sie zu begeistern. Jedes Land hat seine Besonderheiten. Man benötigt Flexibilität und die Bereitschaft, die Traditionen zu akzeptieren. Wenn man in ein anderes Land zieht, muss man zudem tolerant und respektvoll gegenüber anderen Menschen sein und neue kulturelle Normen akzeptieren, um sich zu integrieren.

Zusammenfassend könnte man sagen, dass man soziale Sensibilität und Optimismus braucht. Ebenso wichtig sind Geduld, eine gute Beobachtungsgabe, Neugierde und Freundlichkeit sowie ein Sinn für Abenteuer und die Liebe zum Reisen.

Und nicht zuletzt gilt: Man muss Veränderungen akzeptieren und sich die Lebensweise der Einheimischen zum Vorbild nehmen, anstatt zu hoffen, sein altes Leben in der neuen Heimat weiterführen zu können. Sonst muss man sich auf Enttäuschungen gefasst machen.

Indien, Thailand, Schweden, Russland, Vietnam: Der Slowake **ANDREJ CAPEK** ist seit 2005 weltweit für *Dürr* im Einsatz. Zunächst war er Assistent in der Logistik, dann Logistikmanager, später Bauleiter und Gesamtbauleiter. Heute ist er Geschäftsführer der *Dürr*-Landesgesellschaft in Vietnam.

GRENZEN DES WACHSTUMS – DIVERSIFIZIERUNG IN NEUE BEREICHE

„Überall in meiner Fabrik sehe ich Schilder mit dem Logo von Dürr", erklärt der Werksleiter im Gespräch mit *Dürr*-CEO Ralf Dieter. Dieter besucht in Mexiko einen Autohersteller und der Werksleiter ist zwar mit den *Dürr*-Anlagen hochzufrieden, doch die Aussage hat auch einen Beigeschmack: Der Weltmarktführer *Dürr* hat in der Automobilindustrie eine so starke Position, dass manche Kunden eine zu große Abhängigkeit befürchten. Denn nicht nur im Bereich Lackierereien, sondern auch bei der Fördertechnik, den Prüfständen, der Auswuchttechnik und den Reinigungsanlagen – *Dürr* liefert für alle Bereiche Lösungen.

AUFSTIEG IN DEN MDAX

Im März 2012 wird die Aktie der *Dürr AG* in den MDAX aufgenommen, den Auswahlindex der Deutschen Börse für mittelgroße Aktiengesellschaften – ein starkes Signal an die Anleger. *Dürr* ist endgültig zurück auf einem erfolgreichen Wachstumspfad. Und die Zahlen stimmen: Der Umsatz erreicht 2012 mit 2,4 Milliarden Euro einen neuen Rekordwert. Der Gewinn nach Steuern beträgt 111,4 Millionen Euro bei einer Umsatzrendite von 4,6 Prozent. Die weltweite Mitarbeiterzahl ist mittlerweile auf 7.652 gestiegen.

Das boomende Geschäft in China ist der Hauptgrund für diese positive Entwicklung. Aber auch die Mitarbeiter in Bietigheim-Bissingen profitieren davon: Der Erfolg ist zurück – positive Presseberichte, Reputation und ein steigender Börsenkurs folgen. Die Jahre zwischen 2010 und 2014 sind so etwas wie eine „goldene Ära" in der jüngeren *Dürr*-Geschichte und prägen ein neues Selbstbewusstsein. Wie sich das ausdrückt, zeigt Finanzvorstand Ralph Heuwing: Als Kredit- und Anleihekonditionen 2010 noch wenig attraktiv sind, legt *Dürr* kurzerhand eine Anleihe in Eigenregie auf. Das ist ein außergewöhnlicher Schritt. Da *Dürr* am Kapitalmarkt wieder einen guten Ruf genießt, sind die 150 Millionen Euro schnell gezeichnet. Nicht nur institutionelle Investoren greifen zu, sondern auch viele Privatanleger.

Neuzugang HOMAG in Schopfloch.

Die Autohersteller schätzen zwar die Verlässlichkeit von *Dürr*, einem weiteren Ausbau der Marktposition der Schwaben stehen sie aber kritisch gegenüber. Daher sucht *Dürr* nach neuen Wachstumschancen außerhalb der Autoindustrie und steht vor einer doppelten Herausforderung: Die Fehler der Vergangenheit mit riskanten Übernahmen, die das Unternehmen an die finanzielle Belastungsgrenze bringen, sollen vermieden werden. Gleichzeitig muss *Dürr* entschlossen und kreativ einen ganz neuen Weg für das Wachstum des Unternehmens finden: Diversifizierung in neue Bereiche.

Dieter und Heuwing sondieren also den Markt und werden auf die *HOMAG Group* aufmerksam. Das Unternehmen aus dem beschaulichen Schwarzwaldort Schopfloch produziert Maschinen und Anlagen für holzverarbeitende Betriebe – vor allem aus der Möbelbranche. Kunden sind neben dem Einrichtungskonzern *IKEA* viele weitere namhafte Möbel- und Küchenhersteller, genauso wie unzählige Handwerksbetriebe. Und zumindest die Familien hinter den beiden Unternehmen kennen sich bereits: *HOMAG*-Gründer Gerhard Schuler ist ein alter Bekannter von Heinz Dürr.

Die *HOMAG*-Eigentümerfamilie Schuler hatte bereits Jahre zuvor einen Teil ihres Unternehmens an die *Deutsche Beteiligungs AG* verkauft, doch die Zusammenarbeit läuft nicht immer harmonisch. Als *Dürr* nun aktiv nach neuen Wachstumschancen sucht, bietet die *Deutsche Beteiligungs AG* ihr Aktienpaket zum Kauf an. Auch *HOMAG*-Firmengründer Gerhard Schuler verhandelt mit *Dürr* über den Verkauf weiterer Anteile. Im Oktober 2014 übernimmt *Dürr* 53,7 Prozent der Anteile an *HOMAG* und sichert sich über eine Pool-

HOMAG-Gründer Eugen Hornberger (l.) und Gerhard Schuler.

ZUR ENTWICKLUNG
DES UNTERNEHMENS HOMAG

Die *Hornberger Maschinenbaugesellschaft OHG* (kurz: *HOMAG*) wird am 1. Januar 1960 vom Handwerksmeister Eugen Hornberger und dem Holzingenieur Gerhard Schuler gegründet. Zwei Jahre später präsentiert *HOMAG* auf der Messe in Hannover die erste Kantenanleimmaschine der Welt mit einem neuartigen „Heiß-Kalt-Verfahren". 1967 revolutioniert *HOMAG* die Möbelfabrikation mit einer kombinierten Format- und Kantenanleimmaschine. 1970 werden eine Plattenaufteilsäge mit Druckbalken und 1974 eine erste computergesteuerte Maschine eingeführt. So kann sich *HOMAG* in nur wenigen Jahren einen hervorragenden Ruf in der Branche erarbeiten. Bis heute hat *HOMAG* über 800 Produkte und Verfahren zum Patent angemeldet. Zudem versteht sich die Geschäftsführung schon früh darauf, durch Zukäufe von Unternehmen, die das eigene Leistungsspektrum sinnvoll ergänzen, *HOMAG* zu einem wachsenden Unternehmensverbund weiterzuentwickeln. Ähnlich wie bei *Dürr* wird das Wachstum bei *HOMAG* durch eine Internationalisierungsstrategie forciert. Heute ist die Gruppe Weltmarktführer auf ihrem Gebiet, exportiert in mehr als 100 Länder, erwirtschaftet über 70 Prozent des Gesamtumsatzes im Ausland und kann eine breite Produktpalette anbieten.

Erste HOMAG-Kantenanleimmaschine, 1962.

Vereinbarung 77,9 Prozent der Stimmrechte; zudem wird ein Übernahmeangebot zum Erwerb der restlichen Aktien unterbreitet.

Die unerwartete Übernahme geht mit einem größeren Presseecho einher: „Weltmarktführer schluckt Weltmarktführer" lautet eine Überschrift der „Stuttgarter Nachrichten". „Wir haben uns das Unternehmen damals angeschaut und haben gleich gesehen, was für ein Potenzial in ihm steckt", erinnert sich Ralf Dieter. Schließlich steigt gerade in China der Bedarf an Maschinen zur Holzbearbeitung. „Wir haben also einen Weltmarktführer mit Entwicklungspotenzial übernommen", so Dieter weiter.

Mit dem Erwerb von *HOMAG* macht sich *Dürr* unabhängiger von der Automobilindustrie und ihren konjunkturellen Schwankungen, ohne dabei das Kerngeschäft mit Lackieranlagen zu vernachlässigen. Doch die Schwaben wissen inzwischen auch, dass es bei Übernahmen nicht nur auf Zahlen und

Holzbearbeitung mit HOMAG-Technik.

Produktion bei HOMAG
am Stammsitz in Schopfloch.

strategische Zielsetzungen ankommt. Von zentraler Bedeutung ist auch, dass bei *HOMAG* eine Unternehmensphilosophie existiert, die gut zu *Dürr* passt. Was der *HOMAG*-Gründer Gerhard Schuler betont, gilt nämlich nicht nur für das neueste Mitglied, sondern für die gesamte *Dürr*-Gruppe: „Voraussetzung für den Erfolg ist der Familiensinn."[149]

Die Einbeziehung von *HOMAG* macht sich in der Bilanz für 2015 unmittelbar bemerkbar: Der Umsatz liegt bei 3,77 Milliarden Euro, eine Steigerung von rund 46 Prozent gegenüber dem Vorjahr. 86 Prozent des Umsatzes werden im Ausland erwirtschaftet. Der Auftragseingang erhöht sich auf 3,47 Milliarden Euro, und der Gewinn nach Steuern beträgt 166,6 Millionen Euro. Mittlerweile arbeiten 14.850 Mitarbeiter weltweit für die *Dürr*-Gruppe, davon 46 Prozent im Ausland.

WACHSTUMSMARKT CHINA – CHANCEN UND HERAUSFORDERUNGEN

Im April 2012 geht die Bestellung für den 7.000. *Dürr*-Lackierroboter ein. Auftraggeber ist das Automobil-Joint-Venture *Shanghai General Motors*. Dass der Lackierroboter, wie auch 85 weitere seiner „Kollegen", ausgerechnet in ein chinesisches Gemeinschaftswerk von *General Motors* geht, ist kein Zufall. China ist der Wachstumsmarkt des 21. Jahrhunderts.

Die Basis dafür legt Deng Xiaoping, der 1976 eine wirtschaftliche und politische Öffnung der lange isolierten Volksrepublik einleitet. Doch die vermeintliche Liberalisierung bleibt zunächst ein heikler Balanceakt zwischen Modernisierung und dem Machtanspruch der Kommunistischen Partei. Dengs Nachfolger setzen den eingeschlagenen Weg fort. Sie entwickeln die „sozialistische Marktwirtschaft": China wird (im damaligen Sprachgebrauch) zur „Werkbank der Welt" – der wichtigste Produktionsstandort in einer zunehmend vernetzten Welt der globalisierten Arbeitsteilung und Lieferketten. Gleichzeitig ist klar: Das aufstrebende China ist ein gigantischer Markt und für Unternehmen aus aller Welt ein verlockendes Absatzziel. Im boomenden China wächst eine neue starke und vermögende Mittelschicht heran – mit knapp 800 Millionen Menschen weitaus größer als in Europa und den USA zusam-

Dürr-Campus in Shanghai.

ECOCLEAN WIRD VERKAUFT

Im Jahr 2017 wird die gesamte *Dürr-Ecoclean*-Gruppe an die chinesische *Shenyang Blue Silver Group* verkauft. Dafür sprechen strategische Gründe. Die meisten Reinigungsanlagen von *Dürr Ecoclean* kommen in der Produktion klassischer Motoren- und Getriebekomponenten zum Einsatz, zum Beispiel Einspritzdüsen oder Motorblöcke. Da der Verbrennungsmotor aber langfristig in die Defensive gerät, sieht *Dürr* schwindende Geschäftschancen in der Reinigungstechnik und entschließt sich zum Verkauf.

men –, für die der Besitz eines eigenen Pkws ebenso attraktiv wie erschwinglich ist. Für die großen Autobauer und ihre Zulieferer ist der chinesische Markt bald unverzichtbar.

Dürr stärkt seine Position in China mit einer Vergrößerung der Belegschaft am Standort Shanghai und errichtet ein weiteres Produktionswerk für den Anlagenbau. Im Jahr 2012 entsteht ein weiterer moderner Fertigungs- und Bürokomplex in Shanghai-Baoshan, der Platz für bis zu tausend Mitarbeiter bietet und die Kompetenzen im Maschinenbaubereich „Measuring and Process Systems" auf dem chinesischen Markt bündeln soll. Vom Konzernumsatz von 2,4 Milliarden Euro stammen im Jahr 2012 insgesamt 730 Millionen Euro aus China.

2017 entsteht im Shanghaier Stadtbezirk Qingpu sogar ein eigener „*Dürr*-Campus", der an das heimische Vorbild in Bietigheim-Bissingen heranreicht: Mehr als 1.000 Beschäftigte arbeiten hier, und auf einer Fläche von rund 20.000 Quadratmetern richtet *Dürr* unter anderem ein Testzentrum ein, das sowohl Produkt- und Anwendungstests als auch das Training von Mitarbeitern und Kunden ermöglicht. Auf dem Campus sind

die Lackier-, Applikations- und Umwelttechnik untergebracht. Die Ähnlichkeit zum deutschen *Dürr*-Campus ist dabei kein Zufall: Es ist ein starker Ausdruck für die Bedeutung des Zukunftsmarktes China für das Unternehmen.

EINE INDUSTRIE IM WANDEL – ELEKTROMOBILITÄT UND KLIMANEUTRALITÄT

Energiegewinnung, Umweltbelastung und Klimawandel sind die beherrschenden Themen seit den 2010er-Jahren. Mit der Reaktorkatastrophe von Fukushima 2011 beschließt die deutsche Politik quasi ad hoc den Ausstieg aus der Kernenergie. Es wird an Lösungen für mehr Energieeffizienz gearbeitet – und auch in den Unternehmen gewinnt der Bereich an Bedeutung: 2011 wird bei *Dürr* das Umwelttechnikgeschäft des Bereichs „Clean Technology Systems" um eine Sparte für Energieeffizienz ergänzt.

Auswuchtmaschine von Schenck für Elektroanker.

„Heimatland" des Automobils: Die chinesische Regierung etwa hat die Devise ausgegeben, dass strombetriebenen Fahrzeugen in den wachsenden Großstädten die Zukunft gehört. Daher wird Elektromobilität hier intensiv staatlich gefördert. Die Strategie erweist sich als erfolgreich. Im Jahr 2019 werden rund 958.000 E-Fahrzeuge in China verkauft; in Deutschland sind es nur 67.000.

Dürr immerhin kann sich sicher sein, dass auch Elektroautos lackiert werden müssen. Darüber hinaus hat sich das Unternehmen früh auf den Paradigmenwechsel eingestellt und nutzt die Wachstumschancen der Elektromobilität. Das gilt auch für die Fahrzeugendmontage. Hier ist *Dürrs* Expertise im Bereich Automatisierung gefragt: Der Antriebsstrang von E-Autos ist weniger komplex als bei Verbrennern. Daher kann der Montageprozess stärker automatisiert werden – und genau daran sind die oft jungen Hersteller von E-Autos brennend interessiert.

Viele namhafte Produzenten von Elektroautos werden so schrittweise auch Kunden von *Dürr*. Das gilt nicht nur für die USA, sondern vor allem für den E-Mobility-Leitmarkt China. Aufgrund der staatlichen Förderung wollen Hersteller mit ihren E-Autos hier früh am Markt sein, um möglichst lange von den Hilfen zu profitieren. Und als Unternehmen mit jahrzehntelanger Erfahrung auf dem chinesischen Markt wird *Dürr* für viele von ihnen zum verlässlichen Partner, der die Bedingungen im Land gut versteht und Aufträge schnell umsetzen kann.

Aber gleichzeitig werden auch wieder verstärkt fossile Energieträger eingesetzt, da die Energiegewinnung allein aus erneuerbaren Quellen noch nicht ausreichend ist. Die Folgen für die Umwelt und vor allem für das Klima werden immer sichtbarer. Auf der Klimakonferenz in Paris werden 2015 erstmals verbindliche Klimaziele vereinbart. Die Erderwärmung soll auf deutlich weniger als 2 Grad im Vergleich zum vorindustriellen Zeitalter beschränkt werden. Die Herausforderungen für Gesellschaft, Wirtschaft und Politik sind gewaltig: Die Umstellung auf einen nachhaltigen, ressourcenschonenden und klimaneutralen Wirtschaftskreislauf betrifft Industrie und Verbraucher gleichermaßen.

Für die Automobilindustrie bedeutet dieser Wandel den Einstieg in die Elektromobilität. Während in Deutschland allerdings von öffentlicher Seite eher zaghaft in die neue Technologie investiert wird, überholen andere boomende Wirtschaften das

Der neue Karosserietrockner EcoInCure.

Die Produktion von Elektroautos wird zusätzlich durch eine gezielte Produktentwicklung unterstützt. Unter anderem präsentiert *Dürr* den Karosserietrockner EcoInCure, der sich besonders für das Aushärten von frisch aufgetragenem Lack auf Elektroautos eignet. Auf der chinesischen Kundenliste von *Dürr* stehen schon bald in der E-Auto-Szene bekannte Namen wie *NextEV*, *Sokon*

oder *Enovate*. Die jungen Anbieter profitieren auch davon, dass *Dürr* sie an dem über Jahrzehnte gesammelten Fertigungswissen teilhaben lässt. Als *Sokon* von 2017 bis 2018 ein neues Werk in Chongqing errichtet, muss das Unternehmen dank der Hilfe von *Dürr* nur eine einzige Person für die Planung der Roboterlinie abstellen. Bei traditionellen Autoherstellern sind bis zu zehn eigene Fachleute mit dem Thema befasst.

Die Elektromobilität ist heute eine wichtige Säule des Geschäfts. Bis Ende 2020 kommen rund 30 neue Kunden hinzu, die Elektroautos oder Komponenten dafür bauen. *Dürr* investiert weiter kräftig in diesem Bereich: Schon 2018 übernehmen die Schwaben den Umwelttechnikspezialisten *Megtec/Universal*. Dadurch wird *Dürr* nicht nur zum Weltmarktführer in der Abluftreinigungstechnik,

Dürr-Technik für die Beschichtung von Batterieelektroden für E-Autos.

sondern *Megtec/Universal* bietet auch Beschichtungsanlagen, die bei der Herstellung von Batteriezellen für E-Autos unerlässlich sind. 2021 erwirbt *Dürr* 75 Prozent an der *Teamtechnik Maschinen und Anlagen GmbH*, die unter anderem Prüfstände für Elektro- und Hybridantriebe herstellt. 2020 steigt der Auftragseingang im E-Mobility-Geschäft – trotz der Corona-Krise – um mehr als 60 Prozent auf 650 Millionen Euro, was 40 Prozent des Bestellvolumens aus der Autoindustrie entspricht. Damit bildet es ein starkes Gegengewicht zu den Rückgängen in anderen Bereichen. Statt wie von Investoren anfangs befürchtet zum Problem ist die Mobilitätswende für *Dürr* zu einem Stabilitätsanker geworden.

NACHHALTIGKEIT ALS GESCHÄFTSFAKTOR

Die Entwicklung auf dem Mobilitätssektor ist vor allem durch einen grundlegenden Mentalitätswandel möglich: Das Bewusstsein für die ökologischen Kosten bisheriger Technologien wird immer größer und Nachhaltigkeit wird von einem Nischenthema zu einem zentralen gesellschaftlichen Wert, der alle Lebensbereiche betrifft. Die Unternehmen sind in diesem Wandlungsprozess mittendrin.

Nachhaltigkeit ist nicht mehr nur eine Frage von unternehmerischem Verantwortungsbewusstsein, sondern auch von wirtschaftlichen Erwägungen. Das Thema beeinflusst Investitionsentscheidungen der *Dürr*-Kunden immer stärker. Auch Automobilhersteller möchten den ökologischen Fußabdruck ihrer Fertigungsprozesse verringern und messen ihre Zulieferer zunehmend daran, inwieweit sie von diesen dabei unterstützt werden können. Das eröffnet Chancen für *Dürr*, wo schon seit Langem gezielt materialsparende und energieeffiziente Lösungen entwickelt werden. Auch organisatorisch ist das Thema Nachhaltigkeit fest bei *Dürr* verankert: Zu Beginn des Jahres 2020 wird eine zentrale Nachhaltigkeitsabteilung gegründet, die die weltweiten Aktivitäten in dem Bereich aufeinander abstimmt. Schon vorher wurde im Vorstand das Ressort „Corporate Sustainability" eingerichtet, und das Sustainability Council mit Vertretern aus allen Teilen des Konzerns definiert die Nachhaltigkeitsstrategie und überwacht deren Einhaltung.

Auch in der Konzernfinanzierung setzt das Unternehmen auf Nachhaltigkeit. Das „manager magazin" berichtet: „Nur wenige deutsche Mittelständler haben sich bisher an eine so umfangreiche grüne Finanzierung gewagt, der sogenannte Positive-Incentive-Schuldschein war sogar der erste seiner Art weltweit. Aufseiten der Investoren gibt es ein großes Interesse an Green Finance. Dürr steht damit am Beginn eines Megatrends."[150] Der Umwelt- und Klimaschutz gehört ganz offiziell zur „Corporate Responsibility"-Philosophie der Unternehmensgruppe und wird in möglichst vielen Bereichen auch konsequent in die Praxis umgesetzt. *Dürr* macht es sich zur Aufgabe, seinen Beitrag zum Weg in eine moderne, nachhaltige Industrie zu leisten.

Die Gründungsväter von ADAMOS 2017 (v. l. n. r.): Christian Thönes (Vorstandsvorsitzender DMG MORI AG), Günter Lauber (Geschäftsführer ASM Assembly Systems GmbH & Co. KG), Ralf Dieter, Dr. Jochen Peter (Vorstandsmitglied Carl Zeiss AG), Karl-Heinz Streibich (Aufsichtsratsvorsitzender Dürr AG und Vorstandsvorsitzender Software AG).

DIGITALE TRANSFORMATION IM MASCHINENBAU

Im Juli 2017 gibt es in Bietigheim-Bissingen ein Treffen, das man im üblicherweise konservativen Maschinenbau nicht erwarten würde: Rund 70 Vertreter von *Dürr*, *DMG Mori* und der *Software AG*, Software-Entwickler, Projektmanager und andere Experten sitzen gemeinsam mit den Vorständen der drei Unternehmen an einem Tisch. Jeder hat Rederecht, statt des diplomatischen Konjunktivs gibt es unverblümten Klartext. Arbeitsgruppen präsentieren ihre Ergebnisse, die Vertreter des Topmanagements hören zu und treffen zügig gemeinsam Entscheidungen. Am Ende des Tages ist ADAMOS („Adaptive Manufacturing Open Solutions") geboren – ein Joint Venture, das zum Ziel hat, die Digitalisierung und das IoT („Internet of Things") im mittelständischen Maschinenbau voranzutreiben. ADAMOS bietet eine IoT-Plattform, forciert die partnerschaftliche App-Entwicklung und versteht sich als Kooperationsplattform für den deutschen Maschinenbau in der digitalen Transformation.

ADAMOS ist ein Paukenschlag: Die deutschen Maschinenbauer gehen bis dahin vor allem individuelle Wege bei der Digitalisierung. ADAMOS ist die erste übergreifende Kooperation. „Die digitale Transformation ist so komplex, dass nicht jedes Unternehmen sie allein angehen sollte. Wenn wir Wissen teilen und gemeinsame Standards nutzen, können wir unsere führende Stellung auch im digitalen Zeitalter sichern", so Ralf Dieter, der Beiratsvorsitzender bei ADAMOS wird. Und der CEO fügt mit einem Schmunzeln hinzu: „Wir sind mit ADAMOS im Maschinenbau als Rebellen unterwegs, aber wir versuchen, die anderen mitzunehmen."

Dürr hat die Bedeutung der Digitalisierung für den Maschinen- und Anlagenbau frühzeitig erkannt. „Digitalisierung muss verstanden werden – und zwar von ganz oben", erklärt Ralf Dieter. „Ein Delegieren ist hier keine Option. Ich bin in der IT-Welt aufgewachsen und habe verstanden, warum das wichtig ist. Deshalb habe ich mir die Digitalisierung auf die Fahne geschrieben", erläutert der CEO weiter.

DR. ANNABEL LINSEL ist Expertin für Produktionstechnik und hat am Karlsruher Institut für Technologie promoviert. Zurzeit arbeitet sie in der Digital Factory des *Dürr*-Konzerns.

BLICKWINKEL DR. ANNABEL LINSEL

Die Zukunft ist digital. Wie ist *Dürr* dafür gerüstet?

Annabel Linsel: *Dürr* treibt seit Jahren die interne sowie die externe Digitalisierung voran. Dabei setzen wir unter anderem auf die Einführung neuer Arbeitsweisen, die in der Software-Produktentwicklung die Zusammenarbeit von Prozessexperten, Automatisierungsfachkräften, Informatikern und Datenanalysten strukturieren und vereinfachen, um so gegenüber reinen Software-Anbietern auch zukünftig vom Domänenwissen im Maschinen- und Anlagenbau zu profitieren.

Einen wichtigen Beitrag bei der Digitalisierung leisten darüber hinaus eigenständige Software-Marken wie DXQ oder Schenck One. Deren Etablierung unterstreicht unseren Anspruch, führender, herstellerunabhängiger Anbieter digitaler Services für Maschinen und Anlagen zu werden.

Mit gezielten Akquisitionen, Unternehmensgründungen wie ADAMOS und Kooperationen im IT-Umfeld beweist *Dürr* seine Offenheit gegenüber Partnern und damit die Fähigkeit, in komplexen Ökosystemen erfolgreich zu agieren. All diese Anstrengungen rüsten *Dürr* für eine digitale Zukunft.

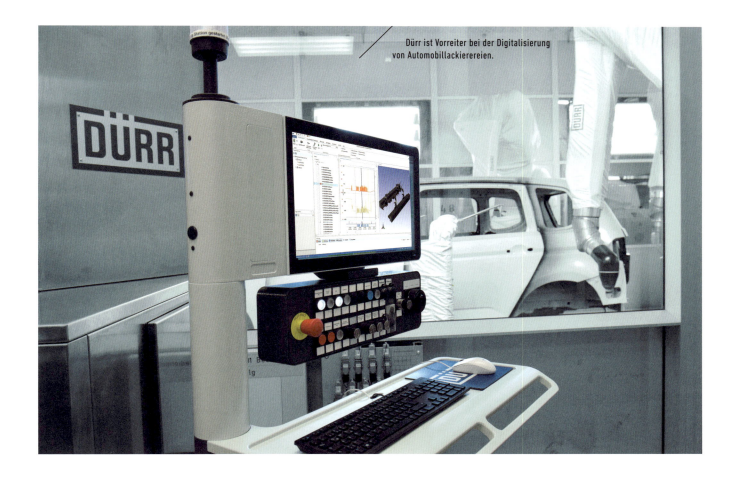

Dürr ist Vorreiter bei der Digitalisierung von Automobillackierereien.

Dürr ruft für die Digitalisierung eine eigene Strategie ins Leben: digital@DÜRR. Damit verknüpft sind auch gezielte Akquisitionen kleinerer Software-Spezialisten, wie etwa der *iTAC Software AG* aus Montabaur, die sich mit der Steuerung und Analyse der „smarten" Fabrik von morgen beschäftigen. Damit passen sie perfekt ins Anforderungsprofil von *Dürr*, denn die Schwaben wissen: Die Produkte und Anlagen der Branche müssen intelligent werden. Smarte Technologien machen Fabriken produktiver und effizienter, da die Verfügbarkeit der Anlagen und die Qualität der gefertigten Produkte steigen. Außerdem sind sie nachhaltiger, da sie Energie- und Ressourcenverschwendung vorbeugen. Zugleich ist klar: Die Intelligenz für die Fabrik von morgen muss von den Maschinenbauern, von *Dürr* kommen – und nicht von Unternehmen aus der Software-Branche. Das ist die Voraussetzung, um im Maschinen- und Anlagenbau weiter führend zu sein. Dass *Dürr* in Sachen Digitalisierung ein Vorreiter der Branche ist, wird schließlich durch eine 2019 veröffentlichte Studie der Technischen Hochschule (RWTH) Aachen bestätigt: *Dürr* belegt einen Spitzenplatz beim Einsatz künstlicher Intelligenz.

Holzhauselemente vom Band –
die HOMAG-Tochter Weinmann macht das möglich.

125 JAHRE DÜRR – EIN TRADITIONSUNTERNEHMEN FEIERT GEBURTSTAG

1896 meldet Paul Dürr eine Bauflaschnerei beim Handelsregister von Cannstatt als Betrieb an. 125 Jahre später existiert unter dem Namen *Dürr* ein Global Player, der in fast allen seinen Tätigkeitsfeldern Weltmarktführer ist, kurz: ein Konzern, der kaum weiter entfernt vom kleinen Handwerksbetrieb seines Gründungsvaters sein könnte.

Das Unternehmen hat eine Größe erreicht, die sich Paul Dürr wohl nie hätte erdenken können. Sein Sohn Otto Dürr und sein Enkel Heinz Dürr sind beherzt in neue Bereiche vorgedrungen und haben das Familienunternehmen in mehreren Schritten zu einem „mittelständischen Multi" gemacht, wie Heinz Dürr sagt. Nach drei Generationen ist *Dürr* schließlich so gut aufgestellt, dass der Rahmen des Familienunternehmens verlassen wird und „fremde" Manager das Schicksal der Firma in die Hand nehmen. Sie entwickeln *Dürr* zu einem Konzern weiter, der in allen Winkeln der Erde tätig ist – und der längst schon seine eigene Marke geworden ist. *Dürr* ist für Kunden, Mitarbeiter und die Öffentlichkeit nicht mehr in erster Linie ein Familienname, sondern ein Qualitätssiegel für herausragende Produkte.

Und trotzdem verbindet Paul Dürrs Bauflaschnerei und die multinationale *Dürr*-Gruppe mehr als nur der Name. Der Blick zurück in die Unternehmensgeschichte zeigt vielmehr: Die Entwicklung vom Handwerksbetrieb zum Konzern ist alles andere als Zufall. Beide sind verbunden durch die fundamentalen Werte, die dem Unternehmen in die Wiege gelegt sind und die es bis heute prägen, die sich wie ein roter Faden durch 125 Jahre Geschichte ziehen.

Mit einer Mischung aus ausgeklügelten Ingenieurleistungen, wegweisenden Innovationen, unternehmerischer Weitsicht und Mut, schwäbischer Bodenständigkeit und

Gewinner des Deutschen Innovationspreises in der Kategorie Großunternehmen: der Dürr-Roboter EcoPaintJet für automatisches zweifarbiges Lackieren.

einem besonderen Gemeinschaftsgefühl, das über Grenzen hinweg das Unternehmen zusammenhält, konnten verschiedene *Dürr*-Generationen so manche Krise meistern. Akribie, Detailkenntnis und Kundennähe sind schon seit der Gründerzeit die Basis erfolgreicher Unternehmensführung bei *Dürr*. Und das Unternehmer-Gen, das die vorangegangenen *Dürr*-Generationen in sich getragen haben, hat auch die aktuelle Führungsmannschaft. Man denkt und handelt unternehmerisch.

Das ist gerade in einer Zeit unerlässlich, in der die Corona-Pandemie noch einmal verdeutlicht, wie eng vernetzt, aber auch wie empfindlich die Welt im 21. Jahrhundert tatsächlich ist – und wie schnell sich Erschütterungen und Krisen über den gesamten Globus verbreiten können. *Dürr* meistert diese Krise unter anderem dank eines starken chinesischen Marktes, bereits im Jahr 2021 peilt der Konzern wieder einen Rekordauftragseingang an und hebt die selbst gesteckten Ziele an, was an der Börse gut ankommt. Aber Umweltzerstörung, Klimawandel und all ihre ökologischen und sozialen Folgen stellen Gesellschaft und Industrie vor Herausforderungen, die trotz aller bereits

Teamtechnik: automatisierte Fertigungsanlagen für medizintechnische Produkte.

Der Dürr-Vorstand im Jubiläumsjahr: Dr. Jochen Weyrauch, Ralf Dieter, Dietmar Heinrich.

erzielten Fortschritte in Wirtschaft, Wissenschaft und Technik nur mit neuen, unorthodoxen Konzepten und grundlegenden Innovationen bewältigt werden können.

Umso wichtiger ist für *Dürr* das stabile Fundament, auf dem es für die Zukunft aufbauen kann. Es ist nicht nur der Verdienst des Vorstands, sondern aller Mitarbeiter des Konzerns, dass der anspruchsvolle Balanceakt zwischen Kontinuität und Fortschritt

ebenso wie die Strategie „Diversifikation mittels Akquisition" in den meisten Fällen gelingt. Gerade mit Unternehmensakquisitionen ist *Dürr* immer dann langfristig erfolgreich, wenn sie keinen Bruch mit der eigenen Unternehmenskultur darstellen, sondern zur Technologie und den eigenen Werten passen. Auf dieser Grundlage aufbauend hat *Dürr* seine heutige Größe erreicht und investiert weiter in neue Geschäftsfelder –

Anlässlich des 125-jährigen Jubiläums präsentiert sich die Belegschaft in China mit einem eigenen Banner.

DÜRR 杜尔集团125周

auch in manche, die auf den ersten Blick nur wenig mit den Schwaben zu tun haben: *Teamtechnik* bringt etwa große Kompetenzen in der Automatisierungstechnik für die Produktion medizinischer Einwegprodukte wie Infusionssets, Insulin-Pens oder Kontaktlinsen mit. Die Weltbevölkerung wird weiter wachsen und so auch die drängende Frage nach ihrer medizinischen Versorgung. Die *HOMAG*-Tochter *Weinmann* zählt zu den wichtigsten Maschinenlieferanten für die Produktion von Holzgebäuden. In dieser Nische expandiert *HOMAG* durch den Zukauf zweier dänischer Spezialunternehmen und deckt nun 70 Prozent der Wertschöpfungskette in der Massivholzbearbeitung ab. Damit unterstützt man eine Branche mit Zukunft, denn die Nachfrage nach klimafreundlichen Holzhäusern steigt stark.

Doch 125 Jahre *Dürr* sind nicht nur eine reine Erfolgsstory: Es gab immer wieder auch Fehleinschätzungen und Fehlinvestitionen. Aber dass solche Fehler letztlich durch neue Erfolge kompensiert werden konnten, ist Grundlage für ein Selbstvertrauen, das spürbar wird, wenn man mit den Mitarbeitern spricht. Für sie sind Erfolge kein Anlass zur Selbstzufriedenheit. Mut und eine besondere „Bodenhaftung" zeichnen den Konzern aus. Heinz Dürrs typisch schwäbische Grundsätze sind für das gesamte Unternehmen weiterhin prägend: „Mehr Sein als Schein" und „Mehr tun als schwätzen".

Bereits anlässlich der Feier zum 75-jährigen Firmenjubiläum hatte Heinz Dürr seine Mitarbeiter daran erinnert, dass sie in einer veränderten, oft herausfordernden, aber auch in der besten aller möglichen Welten leben und nach Kräften dazu beitragen müssen, Probleme zu lösen, insbesondere im Hinblick auf die Umwelt. Das gilt nach wie vor – ebenso wie der Schlusssatz seiner Rede, die mittlerweile über 50 Jahre alt ist: „Meine Freunde, wenn wir auch in den nächsten Jahren unsere Zusammenarbeit im Detail, in der täglichen Arbeit verbessern werden, wenn wir füreinander Verständnis aufbringen und wenn wir im bisherigen Geiste miteinander arbeiten werden, dann ist mir nicht bange um die nächsten, sagen wir einmal 25 Jahre. Ich glaube, dann gehört auch uns, der Firma Dürr, die Zukunft."[151]

ANHANG

DANKSAGUNG

Von der ersten Idee bis zu dem Moment, in dem ein fertiges Buch in den Händen liegt, ist es meist ein langer Weg – im Falle von *Dürr* hat es sogar mehrere Jahre gedauert. Wie so vieles in der Unternehmensgeschichte ist auch dieses Buch ein Gemeinschaftswerk und wäre ohne das Engagement vieler Mitstreiter kaum möglich gewesen. Ihnen sei ausdrücklich gedankt: Anna Gottschalk von der *Dürr AG*, die das Projekt von Anfang an nicht nur begleitet und koordiniert, sondern immer wieder angetrieben hat, Mathias Christen von der *Dürr AG*, der mittlerweile selbst so etwas wie gelebte *Dürr*-Geschichte ist und durch sein Fachwissen für die Autoren immer ein wertvoller Sparringspartner war, Dr. Max Schlenker von der *H&C Stader GmbH* für seine tatkräftige Unterstützung bei der Manuskripterstellung, Antje Bieber vom *Carl Hanser Verlag*, deren Expertise und Begeisterung ein Gewinn für das Projekt waren, Bernd Marquard, der das Manuskript einem umsichtigen Lektorat unterzogen hat, sowie Dr. Claudia Nölting, auf deren Recherchen zur *Dürr*-Geschichte viele Inhalte dieses Buchs aufbauen.

Unser besonderer Dank gilt Heinz Dürr, seinen Vorgängern, Nachfolgern und vor allem all den Mitarbeiterinnen und Mitarbeitern bei *Dürr*, deren Geschichte wir von Anfang an als etwas ganz Besonderes empfunden und mit Begeisterung nachverfolgt haben. Pünktlich zum Jubiläum freuen wir uns umso mehr, dass wir dank der tatkräftigen Unterstützung von allen Seiten diese Geschichte nun teilen können.

Dr. Ingo Stader   Dr. Jesko Dahlmann

AUTOREN

DR. PHIL. INGO STADER

Geboren 1966 in Konstanz, Gründer und Inhaber der Beratungs- und Geschichtsagentur H&C Stader, ist promovierter Historiker. Nach Studium und Forschungsaufenthalten in Italien startete er seine berufliche Laufbahn als Quereinsteiger bei den Sparkassenverbänden in Stuttgart und Hannover, zunächst im Bereich Archiv, dann als Referent für Presse- und Öffentlichkeitsarbeit. Als Pressesprecher der Citibank Deutschland kommunizierte er in der Lehman-Krise.

Sein beruflicher Weg führt ihn als „Vollbluthistoriker" anschließend zur Unternehmensgeschichte und zur Frage, wie diese für die Kommunikation und das Marketing genutzt werden kann. Dabei verbindet er unter dem Motto „Mit Geschichte Mehrwert schaffen" wissenschaftliche Arbeit und moderne Kommunikation in der H&C Stader GmbH History & Communication. Er berät und unterstützt mit seinem Team zahlreiche namhafte Unternehmen in der Aufarbeitung und Darstellung ihrer Historie.

DR. JESKO DAHLMANN

Geboren 1976 in Hamburg, absolvierte ein wirtschaftswissenschaftliches und wirtschaftsgeschichtliches Studium an den Universitäten in Hamburg und Malta. Nach seinem Abschluss als Diplom-Volkswirt arbeitete er schwerpunktmäßig auf dem Gebiet der Unternehmensberatung und kehrte an die Universität Hamburg zurück, um dort zu promovieren.

In seiner Doktorarbeit setzte er sich mit dem Schumpeterschen Unternehmertheorem und historischen Wirtschaftsakteuren wie Emil Rathenau, August Oetker und Werner von Siemens auseinander, welche als Durchsetzer von Innovationen die wirtschaftliche Entwicklung maßgebend befördert haben. Dr. Dahlmann lebt in Hamburg und arbeitet als Wirtschaftsförderer in der Metropolregion seiner Heimatstadt.

ENDNOTEN

1 o.V. (1910): „Schwäbische Tagwacht", Jg. 30, Nr. 105, Stuttgart, S. 3.

2 Vgl. o.V. (1910): „Schwäbische Tagwacht", Jg. 30, Nr. 132, Stuttgart, S. 3.

3 Vgl. Archiv der Württembergischen Landesbibliothek (Ludwigsburg): Beglaubigung des Königlichen Amtsgerichts Stuttgart-Cannstatt vom 28. April 1913, Dok.-Sign.: F260II/Bü42/Nr. 008, S. 1.

4 Hartmann, Heinrich (1955): 60 Jahre Dürr, Otto Dürr Stuttgart (Hrsg.), S. 22 f.

5 Vgl. Völker, Renate; Völker, Karl-Otto (2014): Gottlieb Daimler: Ein bewegtes Leben, Tübingen, S. 136.

6 Vgl. Historisches Archiv der Dürr AG: Aufzeichnungen zur Dürr-Firmengeschichte von Dr. Claudia Nölting, 1995 (Archiv-Nr.: 20-17986), Stuttgart, S. 1.

7 Vgl. Historisches Archiv der Dürr AG: Aufzeichnungen zur Dürr-Firmengeschichte von Dr. Claudia Nölting, 1995 (Archiv-Nr.: 20-17986), Stuttgart, S. 2.

8 Dürr, Otto et al. (1964): … auch ein Kamel geht durchs Nadelöhr, in: Dürr-Report, Otto Dürr KG (Hrsg.), Stuttgart, S. 1.

9 Vgl. Hartmann, Heinrich (1955): 60 Jahre Dürr, Otto Dürr Stuttgart (Hrsg.), Stuttgart, S. 21 f.

10 Vgl. Nölting, Claudia et al. (1995): Von der Flaschnerei zum Systemhaus, in: 100 Jahre DÜRR: „Die Zukunft gründet sich auf die Erfahrungen der Vergangenheit", Dürr GmbH (Hrsg.), Stuttgart, S. 10.

11 Zur wissenschaftlichen Erklärung des industriellen Aufstiegs des Großraums Stuttgart verweist der Industriesoziologe Hans-Joachim Braczyk auf den „Industrial-district"-Ansatz und hebt hervor, dass die zwischenbetriebliche Kooperation in der Region besonders groß gewesen sei. Zudem hätten die Unternehmen es in der Regel erfolgreich vermieden, untereinander zu konkurrieren, und stattdessen eigene spezifische Marktnischen besetzt. Vgl. Braczyk, Hans-Joachim et al. (1996): Die Regionalökonomie Baden-Württembergs – Ursachen und Grenzen des Erfolgs, in: Kurswechsel in der Industrie. Lean Production in Baden-Württemberg, Hans-Joachim Braczyk, Gerd Schienstock (Hrsg.), Stuttgart, S. 31 ff.

12 Dürr, Otto et al. (1964): … auch ein Kamel geht durchs Nadelöhr, in: Dürr-Report, Otto Dürr KG (Hrsg.), Stuttgart, S. 2.

13 Paul Dürrs Frau Luise entstammt der Familie Eberspächer. Ihr Vater, der Flaschnermeister Jakob Eberspächer, hat 1865 einen Handwerksbetrieb im württembergischen Esslingen gegründet. Über 150 Jahre später ist daraus eine international agierende Unternehmensgruppe im Bereich der Automobilzulieferung (mit Produkten wie Abgastechnik, Heizungen und Klimasysteme) geworden. Vgl. o. V. (2015): Zielbewusst auf Zukunftskurs – und das seit 150 Jahren; siehe: Eberspächer Climate Control Systems GmbH & Co. KG [online], https://www.eberspaecher.com/unternehmen/historie.html, zuletzt abgerufen am 05.11.2019.

14 Vgl. Archiv der Württembergischen Landesbibliothek (Ludwigsburg): Eröffnung des Konkursverfahrens über das Vermögen des Paul Dürr am 17. August 1910, Dok.-Sign.: F260II/Bü42/Nr. 010, S. 1.

15 Vgl. Archiv der Württembergischen Landesbibliothek (Ludwigsburg): Beschluss des Königlichen Amtsgerichts Stuttgart-Cannstatt vom 17. November 1910, Dok.-Sign.: F260II/Bü42/Nr. 009, S. 1.

16 Vgl. Winkler, Heinrich August (2018): Weimar 1918–1933. Die Geschichte der ersten deutschen Demokratie, München, S. 33 ff.

17 Vgl. Krumeich, Gerd (2018): Die unbewältigte Niederlage: Das Trauma des Ersten Weltkriegs und die Weimarer Republik, Freiburg im Breisgau, S. 175 ff.

18 Bauer, Emil; Breiter, Jochen (1970): Am Mikrofon: Emil Bauer, in: DÜRR Zeitung. Sonderausgabe zum 75. Jubiläum, Otto Dürr KG (Hrsg.), Stuttgart, S. 8.

19 Vgl. Historisches Archiv der Dürr AG: Aufzeichnungen zur Dürr-Firmengeschichte von Dr. Claudia Nölting, 1995 (Archiv-Nr.: 20-17986), Stuttgart, S. 11 f.

20 Vgl. Historisches Archiv der Dürr AG: Aufzeichnungen zur Dürr-Firmengeschichte von Dr. Claudia Nölting, 1995 (Archiv-Nr.: 20-17986), Stuttgart, S. 13.

21 Vgl. Edelmann, Heidrun (2001): Der Umgang mit dem Rückstand. Deutschlands Automobilindustrie in der Zwischenkriegszeit, in: Geschichte und Zukunft der deutschen Automobilindustrie, Rudolf Boch (Hrsg.), Stuttgart, S. 42 ff.

22 Unter „Aushauen" versteht man das Stanzen unregelmäßiger Löcher in Stahlblech, wodurch Gewicht und Schwingungsneigung des Metalls reduziert werden können.

23 Vgl. Historisches Archiv der Dürr AG: Aufzeichnungen zur Dürr-Firmengeschichte von Dr. Claudia Nölting, 1995 (Archiv-Nr.: 20-17986), Stuttgart, S. 15.

24 Dürr, Otto et al. (1964): … auch ein Kamel geht durchs Nadelöhr, in: Dürr-Report, Otto Dürr KG (Hrsg.), Stuttgart, S. 2.

25 Vgl. Weigel, Bjoern (2017): Die Weimarer Republik: Politik, Kultur und Gesellschaft, Berlin, S. 67 ff.

26 Hartmann, Heinrich (1955): 60 Jahre Dürr, Otto Dürr Stuttgart (Hrsg.), Stuttgart, S. 45.

27 Zitiert nach o. V. (1970): Dürr. Historie und Gegenwart, in: DÜRR Zeitung. Sonderausgabe zum 75. Jubiläum, Otto Dürr KG (Hrsg.), Stuttgart, S. 8.

28 Archiv der Württembergischen Landesbibliothek (Ludwigsburg): Ladung zum Vergleichsverfahren über das Vermögen des Paul Dürr vom 09.09.1932, Dok.-Sign.: F260II/Bü42/Nr. 003, S. 1.

29 Archiv der Württembergischen Landesbibliothek (Ludwigsburg): Aufzeichnung zum Insolvenzverfahren über das Vermögen des Paul Dürr vor dem Amtsgericht Stuttgart vom 16.08.1932, Dok.-Sign.: F260II/Bü42/Nr. 006, S. 2.

30 Archiv der Württembergischen Landesbibliothek (Ludwigsburg): Aktennotiz zur Aufhebung des Insolvenzverfahrens über das Vermögen des Paul Dürr vom 05.10.1932, Dok.-Sign.: F260II/Bü42/Nr. 002, S. 1.

31 Vgl. Hartmann, Heinrich (1955): 60 Jahre Dürr, Otto Dürr Stuttgart (Hrsg.), Stuttgart, S. 28.

32 Mommsen, Hans; Grieger, Manfred (1996): Das Volkswagenwerk und seine Arbeiter im Dritten Reich, Düsseldorf; Hopmann, Barbara; Sporer, Mark u. a. (1994): Zwangsarbeit bei Daimler-Benz, Stuttgart (in 2. Auflage erschienen 2017); Gregor, Neil (1997): Stern und Hakenkreuz. Daimler-Benz im Dritten Reich, Berlin.

33 Erker, Paul (2020): Zulieferer für Hitlers Krieg: Der Continental-Konzern in der NS-Zeit, Berlin; Plumpe, Werner; Nützenadel, Alexander; Schenk, Catherine R. (2020): Deutsche Bank. Die Globale Hausbank. 1870–2020, Berlin; Finger, Jürgen; Keller, Sven u. a. (2013): Dr. Oetker und der Nationalsozialismus. Geschichte eines Familienunternehmens 1933–1945, München; Urban, Thomas (2014): Zwangsarbeit bei Thyssen. „Stahlverein" und „Baron-Konzern" im Zweiten Weltkrieg, Paderborn; Spoerer, Mark (2016): C&A. Ein Familienunternehmen in Deutschland, den Niederlanden und Großbritannien 1911–1961, München; Königredner, Angelika (2016): Walter de Gruyter. Ein Wissenschaftsverlag im Nationalsozialismus, Tübingen; Rainer Rother, Vera Thomas (Hrsg.) (2017): Linientreu und populär. Das Ufa-Imperium 1933–1945, Berlin; Grieger, Manfred (2019): Sartorius im Nationalsozialismus. Generationenwechsel im Familienunternehmen zwischen Wirtschaftskrise und Entnazifizierung, Göttingen; Köster, Roman (2019): Seidensticker. Eine Unternehmensgeschichte 1919–2019, Essen; Zur Aufarbeitung der NS-Geschichte in deutschen Unternehmen allgemein: Brünger, Sebastian (2017): Geschichte und Gewinn. Der Umgang deutscher Konzerne mit ihrer NS-Vergangenheit, Göttingen.
Was Unkenntnis über die NS-Vergangenheit des eigenen Unternehmens auslösen kann, zeigt der Fall der Bahlsen-Erbin Verena Bahlsen: Sie behauptete, Zwangsarbeiter bei Bahlsen wurden im Dritten Reich angemessen behandelt und bezahlt. Nach dieser Aussage sah sich Bahlsen heftiger Kritik ausgesetzt, „Der Spiegel" und „Die Zeit" recherchierten zur Bahlsen-Geschichte im Nationalsozialismus und fanden heraus, dass die damalige Unternehmensführung Förderer der SS war und Zwangsarbeiter keineswegs angemessen bezahlt worden sind.

34 Mai, Gunther (1983): Die Nationalsozialistische Betriebszellenorganisation. Zum Verhältnis von Arbeiterschaft und Nationalsozialismus, in: Vierteljahreshefte für Zeitgeschichte 31, 4, S. 573 ff.

35 Seit dem 23. Juli 1933 heißt der Ort offiziell „Bad Cannstatt".

36 Vgl. Spruchkammerakte Josef Walter, in: Staatsarchiv Ludwigsburg, EL 902/20 Bü 26915.

37 Vgl. Historisches Archiv der Dürr AG: Aufzeichnungen zur Dürr-Firmengeschichte von Dr. Claudia Nölting, 1995 (Archiv-Nr.: 20-17986), Stuttgart, S. 21.

38 Zum Verhältnis zwischen Dürr und Hellener sowie zu den Angeboten innerhalb des Betriebs siehe vor allem das Fotoalbum „Der Leistungskampf unseres Betriebes", Historisches Archiv der Dürr AG, 1941 (Archiv-Nr.: 20-17215), Stuttgart, S. 7 ff.

39 Historisches Archiv der Dürr AG: Fotoalbum „Der Leistungskampf unseres Betriebes", 1941 (Archiv-Nr.: 20-17215), Stuttgart, S. 12.

40 https://www.dhm.de/lemo/kapitel/ ns-regime/innenpolitik/ leistungskampf-der-deutschen-betriebe. html, zuletzt abgerufen am 29.07.2021.

41 Vgl. Spruchkammerakte Karl Hellener, in: Staatsarchiv Ludwigsburg, EL 902/25 Bü 3270.

42 Dürr, Heinz (2008): In der ersten Reihe. Aufzeichnungen eines Unerschrockenen, Berlin, S. 17.

43 Vgl. Spruchkammerakte Otto Dürr, in: Staatsarchiv Ludwigsburg, EL 902/20 Bü 103033.

44 Beevor, Antony (2014): Der Zweite Weltkrieg, München, S. 298.

45 Vgl. Historisches Archiv der Dürr AG: Aufzeichnungen zur Dürr-Firmengeschichte von Dr. Claudia Nölting, 1995 (Archiv-Nr.: 20-17986), Stuttgart, S. 15 f.

46 Vgl. Historisches Archiv der Dürr AG: Aufzeichnungen zur Dürr-Firmengeschichte von Dr. Claudia Nölting, 1995 (Archiv-Nr.: 20-17986), Stuttgart, S. 16.

47 Spätes Produkt dieser Aufarbeitung ist eine Stiftungsinitiative der Bundesregierung und der deutschen Wirtschaft zur Entschädigung von Zwangsarbeitern 1999. Über 6.000 Unternehmen beteiligen sich daran – *Dürr* zahlt 700.000 D-Mark in den Fonds ein, die *Carl Schenck AG*, die seit dem Jahr 2000 offiziell zur *Dürr*-Unternehmensgruppe gehört, zahlt 400.000 D-Mark ein. Insgesamt beteiligt sich die deutsche Wirtschaft mit 5 Milliarden D-Mark am Fonds, die Bundesregierung zahlt weitere 5 Milliarden D-Mark ein.

48 Herbert, Ulrich (1999): Fremdarbeiter. Politik und Praxis des „Ausländer-Einsatzes" in der Kriegswirtschaft des Dritten Reiches, Bonn, S. 11.

49 Geprüft wurden konkret: Stadtarchiv Stuttgart: Unterlagen über Zwangsarbeiter, die sich in ärztlicher Behandlung befunden haben, hier taucht *Dürr* nicht auf, auch nicht in den allgemeinen Beständen Nr. 120 Ernährungsamt, Nr. 351 Gewerbliche Zulagen für Kriegsgefangene und Internierte, Nr. 354 Krankenzulagen für kranke Kriegsgefangene und Ostarbeiter und Nr. 378 Sammelverpflegung für Kriegsgefangene und Internierte.

Arolsen Archives: ca. 2.300 digitalisierte Seiten mit Angaben zu Zwangsarbeitern in Stuttgart, etwa vom Finanzamt, Listen der Stadtverwaltung über die in Stuttgart wohnhaften Ausländer, Suchverfahren nach dem Krieg über in Stuttgart lebende Ausländer, Totenkarteien, Listen des Standesamtsbezirks, des Versorgungsamts, des Polizeipräsidiums, des Suchdienstes des Deutschen Rotes Kreuzes, der Süddeutschen Eisen- & Stahl-Berufsgenossenschaft Sektion III Stuttgart und weiterer Institutionen. Keine dieser Personen konnte *Dürr* zugeordnet werden, da es oft keine Hinweise auf die Arbeitgeber gab. Dort, wo es einen Hinweis auf den Arbeitgeber gibt, ist *Dürr* nicht vorhanden.

Im Staatsarchiv Ludwigsburg finden sich Überlieferungen der Allgemeinen Ortskrankenkasse (AOK) Stuttgart, Bestand PL 437/30. Dieser Bestand enthält Karteikarten zu den ausländischen Personen, die im Zeitraum 1939 bis 1945 in Stuttgart beschäftigt waren. Die Karteikarten sind alphabetisch sortiert, es sind etwa 152.000 Aufnahmen auf Mikrofilm. Die nach Orten oder Firmen angelegten Listen der AOK Stuttgart sind allerdings nicht mehr vorhanden. Aufgrund des immensen zeitlichen Aufwands und der geringen Erfolgschance wurden diese 152.000 Aufnahmen nicht durchgesehen.

50 Interview Gustav Kühner mit Dr. Claudia Nölting, 19. Dezember 1991.

51 Dass es sich hierbei um städtische Zwangsarbeiter gehandelt hat, die zu den Aufräumarbeiten hinzugezogen worden sind, kann nicht ausgeschlossen werden.

52 Vgl. Historisches Archiv der Dürr AG: Aufzeichnungen zur Dürr-Firmengeschichte von Dr. Claudia Nölting, 1995 (Archiv-Nr.: 20-17986), Stuttgart, S. 16.

53 Gegenüber diesen Zahlen ist Vorsicht geboten: Es handelt sich um nachträgliche Schätzungen, die durch kein zeitgenössisches Dokument bestätigt werden. Fraglich ist zumal, inwiefern sich die Mitarbeiterzahl nach der Verlagerung nach Zuffenhausen verändert hat. Während zuvor rund 80 Personen auf die Betriebe in Bad Cannstatt *und* Zuffenhausen verteilt waren, hätte nach diesen Schätzungen zumindest ein Großteil der Mitarbeiter nur noch an einem Standort gearbeitet; wie dies logistisch möglich war, bleibt unklar.

54 Konkret geht es um eine Aussage aus dem Spruchkammerverfahren Karl Helleners. Der Zeuge Hans Edelmann entlastet Hellener zwar insgesamt, deutet dabei aber an, dass es zu Gewalt gegenüber Russen gekommen ist: „Es gab einige Leute, die gegen die Russen eingestellt waren und es kam zum Zusammenstoß zwischen diesen Leuten und dem Betroffenen [Hellener]. Er sagte mal zu einem Vorarbeiter: ‚Das ist nicht in Ordnung, wenn du den Ausländer schlägst, du hast dich als Deutscher anständig zu benehmen, auch gegen diese Leute.‘“

55 Die Namen der beiden sind bekannt, da sie für die Spruchkammerverfahren Otto Dürrs und Karl Helleners wohlwollende Urteile ausstellen. Damit kann aber keineswegs auf eine grundsätzlich zuvorkommende Behandlung aller Zwangsarbeiter bei *Dürr* geschlossen werden. Die Aussagen müssen kritisch gelesen werden.

56 Vgl. Wiedergutmachungsakte Fritz Wölfel, in: Staatsarchiv Ludwigsburg, EL 350 I Bü 4477.

57 Vgl. o. V. (1970): Dürr. Historie und Gegenwart, in: DÜRR Zeitung. Sonderausgabe zum 75. Jubiläum, Otto Dürr KG (Hrsg.), Stuttgart, S. 11.

58 Vgl. Dürr, Heinz (1988): Meine Mutter (unveröffentlichtes Manuskript), Stuttgart, S. 32.

59 Vgl. Bardua, Heinz (1967): Stuttgart im Luftkrieg. 1939–1945, Stuttgart, S. 166 ff.

60 Vgl. Spruchkammerakte Otto Dürr, in: Staatsarchiv Ludwigsburg, EL 902/20 Bü 103033, S. 90.

61 Vgl. Historisches Archiv der Dürr AG: Aufzeichnungen zur Dürr-Firmengeschichte von Dr. Claudia Nölting, 1995 (Archiv-Nr.: 20-17986), Stuttgart, S. 38. Auch um das Metall in diesen Zeiten großer Materialknappheit wiederverwerten zu können, werden im Hamburger Hafen Schiffe geborgen, die durch Bombenangriffe versenkt wurden. Dabei ist der oft lebensgefährliche Einsatz von Bergungstauchern notwendig, der u. a. auch in dem Nachkriegsroman „Der Mann im Strom“ von Siegfried Lenz thematisiert wird.

62 Vgl. Historisches Archiv der Dürr AG: Aufzeichnungen zur Dürr-Firmengeschichte von Dr. Claudia Nölting, 1995 (Archiv-Nr.: 20-17986), Stuttgart, S. 37.

63 Vgl. Dürr, Otto et al. (1964): … auch ein Kamel geht durchs Nadelöhr, in: Dürr-Report, Otto Dürr KG (Hrsg.), Stuttgart, S. 2.

64 Vgl. Historisches Archiv der Dürr AG: Aufzeichnungen zur Dürr-Firmengeschichte von Dr. Claudia Nölting, 1995 (Archiv-Nr.: 20-17986), Stuttgart, S. 42.

65 Bei der Anlage, die *Südrad* bisher verwendete, müssen die Scheibenräder noch von Hand eingetaucht werden. Zudem ist diese Anlage mehr als doppelt so groß, wodurch viel Raum in der Werkshalle verloren ging.

66 Vgl. Historisches Archiv der Dürr AG: Aufzeichnungen zur Dürr-Firmengeschichte von Dr. Claudia Nölting, 1995 (Archiv-Nr.: 20-17986), Stuttgart, S. 42 ff.

67 Der über 200 Meter hohe Turm wird schon kurz nach der Einweihung von Architekturexperten als „technisches wie ästhetisches Meisterwerk" angesehen. Vgl. Jobst, Hermann (1956): Der Stuttgarter Fernsehturm, in: „Schweizerische Bauzeitung", Jg. 74, Nr. 37, Werner Jegher (Hrsg.), Zürich, S. 562.

68 Vgl. Historisches Archiv der Dürr AG: Aufzeichnungen zur Dürr-Firmengeschichte von Dr. Claudia Nölting, 1995 (Archiv-Nr.: 20-17986), Stuttgart, S. 40.

69 Vgl. Dürr, Otto et al. (1964): … auch ein Kamel geht durchs Nadelöhr, in: Dürr-Report, Otto Dürr KG (Hrsg.), Stuttgart, S. 3.

70 Im Erdgeschoss werden das Büro des Firmenchefs, die Buchhaltung, ein Besuchszimmer, die Telefonzentrale und das Büro für die Flaschnerei untergebracht. Meisterbüro, Lohnbüro, zwei technische Büros sowie Einkauf und Gemeinschaftsräume befinden sich im ersten Stock. Zudem werden noch ein Pförtnerhaus und mehrere Garagen auf dem Firmengelände errichtet.

71 Das Phosphatieren ist ein Verfahren zur Behandlung von Metalloberflächen und wird damals noch „Bondern" genannt. Das Verfahren dient dem Korrosionsschutz, der Haftvermittlung, der Verschleißminderung sowie der elektrischen Isolation und eignet sich besonders gut für die Vorbehandlung von Metallteilen vor dem Lackieren. Vgl. Rausch, Werner et al. (1988): Die Phosphatierung von Metallen, Saulgau, S. 19 ff.

72 Vgl. Historisches Archiv der Dürr AG: Spezifikation der wesentlichen Dürr-Patente, Archiv-Nr.: 20-14325 (Kopien-Ordner 1), Stuttgart, S. 1 ff.

73 Vgl. Historisches Archiv der Dürr AG: Aufzeichnungen zur Dürr Firmengeschichte von Dr. Claudia Nölting, 1995 (Archiv Nr.: 20 17986), Stuttgart, S. 50.

74 Vgl. Historisches Archiv der Dürr AG: Aufzeichnungen zur Dürr-Firmengeschichte von Dr. Claudia Nölting, 1995 (Archiv-Nr.: 20-17986), Stuttgart, S. 52.

75 Vgl. Historisches Archiv der Dürr AG: Aufzeichnungen zur Dürr-Firmengeschichte von Dr. Claudia Nölting, 1995 (Archiv-Nr.: 20-17986), Stuttgart, S. 53.

76 Dürr, Heinz (1995): Das Führungskräfteproblem in Familienunternehmen – Generationswechsel als Risiko und Chance, in: Führungskräfte und Führungserfolg. Neue Herausforderungen für das strategische Management, Ulrich Krystek, Jörg Link (Hrsg.), Wiesbaden, S. 332.

77 Zur Zeit seiner Lehre findet diese Seite der Persönlichkeit Heinz Dürrs Ausdruck in einem Gedicht, das der junge Mann über den trist anmutenden Arbeitsalltag in der *Uerdinger Waggon-Fabrik* schreibt: „[…] unerbittlich wartet die Fabrik auf tausend müde Menschen […] kriechen grau aus grauen Blöcken […].“ Vgl. Dürr, Heinz (2008): In der ersten Reihe. Aufzeichnungen eines Unerschrockenen, Berlin, S. 21 f.

78 Dürr, Heinz (2008): In der ersten Reihe. Aufzeichnungen eines Unerschrockenen, Berlin, S. 31 f.

79 Interview Dr. Dahlmann mit Heide Dürr vom 19. März 2019 in Berlin.

80 Vgl. Pötsch, Hans Dieter (2003): Ein Weltschwabe mit Bodenhaftung, in: Heinz Dürr: Annäherung an einen neugierigen Unternehmer, Günther Sassmannshausen (Hrsg.), Frankfurt a. M., S. 111.

81 Vgl. Historisches Archiv der Dürr AG: Aufzeichnungen zur Dürr-Firmengeschichte von Dr. Claudia Nölting, 1995 (Archiv-Nr.: 20-17986), Stuttgart, S. 60.

82 Vgl. Historisches Archiv der Dürr AG: Aufzeichnungen zur Dürr-Firmengeschichte von Dr. Claudia Nölting, 1995 (Archiv-Nr.: 20-17986), Stuttgart, S. 62.

83 Jörg Kees ist der damalige, in Stuttgart ansässige Rechtsanwalt von *Dürr*.

84 Übersetzt zitiert nach o. V. (2014): Dürr Brasil – 50 years of dedication to the customer, Dürr Brasil Ltda. (Hrsg.), São Paulo, S. 13.

85 Dürr, Heinz et al. (2003): Dem Kunden in fremde Länder folgen, in: Heinz Dürr: Annäherung an einen neugierigen Unternehmer, Günther Sassmannshausen (Hrsg.), Frankfurt a. M., S. 102.

86 Vgl. Historisches Archiv der Dürr AG: Aufzeichnungen zur Dürr-Firmengeschichte von Dr. Claudia Nölting, 1995 (Archiv-Nr.: 20-17986), Stuttgart, S. 64.

87 Die *Feuerbacher Volksbank* fusioniert 1970 mit der *Stuttgarter Bank* zur *Stuttgarter Volksbank*. Heute ist die *Volksbank Stuttgart eG* die drittgrößte genossenschaftliche Bank Baden-Württembergs.

88 Vgl. Dürr, Heinz (2008): In der ersten Reihe. Aufzeichnungen eines Unerschrockenen, Berlin, S. 24.

89 Zitiert nach o. V.: (2005): Inside News, Ausgabe 03/2005, Dürr AG (Hrsg.), Bietigheim-Bissingen, S. 8.

90 Vgl. Historisches Archiv der Dürr AG: Aufzeichnungen zur Dürr-Firmengeschichte von Dr. Claudia Nölting, 1995 (Archiv-Nr.: 20-17986), Stuttgart, S. 70.

91 *DeVilbiss* und *Tunzini* sind Partner der *Interfinish*-Gesellschaft gewesen.

92 Reinhold Dürr scheidet 1988 aus dem Familienunternehmen aus, um sich mit einer Beratungsfirma im IT-Bereich selbstständig zu machen.

93 Vgl. o. V. (1970): „Dürr. Historie und Gegenwart", in: DÜRR Zeitung. Sonderausgabe zum 75. Jubiläum, Otto Dürr KG (Hrsg.), Stuttgart, S. 13.

94 Vgl. Historisches Archiv der Dürr AG: Aufzeichnungen zur Dürr-Firmengeschichte von Dr. Claudia Nölting, 1995 (Archiv-Nr.: 20-17986), Stuttgart, S. 72 f.

95 Vgl. Dürr, Heinz (1967): Aus dem III. Stock, in: DÜRR Zeitung, Ausgabe Nr. 1, Otto Dürr KG (Hrsg.), Stuttgart, S. 1.

96 Zur *Hager + Weidmann AG* gehört zu dieser Zeit die Tochtergesellschaft *Tunzini Klimatechnik GmbH*, welche 1962 zusammen mit dem französischen *Tunzini*-Konzern als Joint Venture mit Sitz in Bergisch Gladbach gegründet wurde. Vgl. o. V. (2002): Ein Ingenieur legte den Grundstein, siehe: „Kölner Stadt-Anzeiger" [online], https://www.ksta.de/ein-ingenieur-legte-den-grundstein-14505948, zuletzt abgerufen am 20.04.2020.

97 Vgl. Dürr, Heinz (1967): Aus dem III. Stock, in: DÜRR Zeitung, Ausgabe Nr. 1, Otto Dürr KG (Hrsg.), Stuttgart, S. 1.

98 Vgl. Historisches Archiv der Dürr AG: Aufzeichnungen zur Dürr-Firmengeschichte von Dr. Claudia Nölting, 1995 (Archiv-Nr.: 20-17986), Stuttgart, S. 70.

99 Vgl. o. V. (1968): Tochtergesellschaften und verbundene Unternehmen, in: DÜRR Zeitung, Ausgabe Nr. 2, Otto Dürr KG (Hrsg.), Stuttgart, S. 4.

100 „ODS" ist die gängige firmeninterne Abkürzung für die Muttergesellschaft *Otto Dürr Stuttgart* gewesen.

101 Vgl. o. V. (1974): Vertikal gleich optimal?, in: „JOT – Journal für Oberflächentechnik", Jg. 14, Nr. 5, München, S. 17.

102 Der Durchsatz ist auf 30 Karosserien pro Stunde begrenzt, wodurch das Tauchlackiersystem schlicht nicht rentabel genug ist. „VERTAK" macht dennoch deutlich, in welch hohem Maße sich das Unternehmen unter Heinz Dürrs Leitung zu einem technologischen „Pacemaker" in seiner Branche entwickelt hat.

103 Vgl. Plate, Markus et al. (2011): Große deutsche Familienunternehmen: Generationenfolge, Familienstrategie und Unternehmensentwicklung, Stiftung Familienunternehmen (Hrsg.), S. 161.

104 Vgl. Historisches Archiv der Dürr AG: Spezifikation der wesentlichen Dürr-Patente, Archiv-Nr.: 20-14325 (Kopien-Ordner 1), Stuttgart, S. 12 ff.

105 Vgl. Historisches Archiv der Dürr AG: Aufzeichnungen zur Dürr-Firmengeschichte von Dr. Claudia Nölting, 1995 (Archiv-Nr.: 20-17986), Stuttgart, S. 79 ff.

106 Vgl. Historisches Archiv der Dürr AG: Aufzeichnungen zur Dürr-Firmengeschichte von Dr. Claudia Nölting, 1995 (Archiv-Nr.: 20-17986), Stuttgart, S. 92 ff.

107 Vgl. Dürr, Heinz (1995): Vorhandene Stärken weiterentwickeln, in: 100 Jahre DÜRR: „Die Zukunft gründet sich auf die Erfahrungen der Vergangenheit", Dürr GmbH (Hrsg.), Stuttgart, S. 6.

108 Dürr, Heinz (2008): In der ersten Reihe. Aufzeichnungen eines Unerschrockenen, Berlin, S. 61 ff.

109 Vgl. Ameri-Siemens, Anne et al. (2017): Ein Tag im Herbst: Die RAF, der Staat und der Fall Schleyer, Berlin, S. 28 ff.

110 Die Firma *Olpi* wurde 1949 von Pietro Olivotti und Piero Pizzamiglio als Betrieb zur Herstellung elektrischer Schalttafeln in der Nähe von Mailand gegründet. In den frühen 1950er-Jahren spezialisiert man sich auf den Bereich der Lackieranlagen für die wachsende Automobilbranche in Norditalien. Größere Aufträge führt *Olpi* für den legendären italienischen Motorradhersteller *Moto Guzzi* im Jahr 1953 und vier Jahre später für das Motorrollermodell „Lambretta" von *Innocenti* aus. Die Kooperation mit *Dürr* beginnt bereits Mitte der 1960er-Jahre, und erste gemeinsame Projekte werden gemeinsam für den Auftraggeber *FIAT* realisiert.

Vgl. o. V. (2017): from OLPI Milano to OLPIDÜRR: An history of success and technological innovation, siehe: OLPIDURR [online], https://www.olpidurr.it/fileadmin/olpidurr.it/05_Company/01_History/olpiduerr-history-en.pdf, zuletzt abgerufen am 22.04.2020.

111 Vgl. Historisches Archiv der Dürr AG: Aufzeichnungen zur Dürr-Firmengeschichte von Dr. Claudia Nölting, 1995 (Archiv-Nr.: 20-17986), Stuttgart, S. 105 ff.

112 Vgl. Dürr, Heinz (1979): Was zählt, ist der Mensch. Manuskript zur Rede am Tag der Katholischen Arbeitnehmerschaft in Aalen am 1. Juli 1979, Stuttgart, S. 4.

113 Wahl, Manfred P. (1980): Aus dem IV. Stock, in: DÜRR Zeitung, Ausgabe Nr. 32, Dürr Industrie Beteiligungs GmbH (Hrsg.), Stuttgart, S. 1.

114 Wahl, Manfred P. (1980): Aus dem IV. Stock, in: DÜRR Zeitung, Ausgabe Nr. 32, Dürr Industrie Beteiligungs GmbH (Hrsg.), Stuttgart, S. 1.

115 Es muss bei der Suche nach einer neuen unternehmerischen Herausforderung mit einer größeren gesellschaftspolitischen Bedeutung von maßgebender intrinsischer Motivation als Triebfeder des Handelns Heinz Dürrs ausgegangen werden. Bei seiner Entscheidung, zur *AEG* zu wechseln, spielen Kriterien wie persönliche Planungssicherheit eine untergeordnete Rolle. Heinz Dürr hebt sich damit von der Masse der Manager ab, die ihre Funktion eher administrativ interpretieren und für die nicht selten die persönliche Nutzenmaximierung vorrangiges Motiv ist. Vgl. Dahlmann, Jesko (2017): Das innovative Unternehmertum im Sinne Schumpeters. Theorie und Wirtschaftsgeschichte, Marburg, S. 61 ff.

116 Vgl. Historisches Archiv der Dürr AG: Aufzeichnungen zur Dürr-Firmengeschichte von Dr. Claudia Nölting, 1995 (Archiv-Nr.: 20-17986), Stuttgart, S. 105 ff.

117 Die Kinematik beschreibt die Bewegungsmechanik eines Roboterarms. Durch den modularen Aufbau des Arms wird ein flexibler Einsatz des Roboters ermöglicht.

118 Dennoch kann die Abteilung „Dach und Wand" auch später noch Erfolge verbuchen, die öffentlichkeitswirksam sind und zudem die historische Tradition von *Dürr* unterstreichen: Für die Arbeiten am Gebäude des Süddeutschen Rundfunks und den Neubau eines Pavillons am Stuttgarter Staatstheater erhält *Dürr* von der Jury im Jahr 1986 den „Gustav-Barth-Preis" verliehen (als einzige Firma unter 52 Bewerbern).

119 Vgl. Historisches Archiv der Dürr AG: Aufzeichnungen zur Dürr-Firmengeschichte von Dr. Claudia Nölting, 1995 (Archiv-Nr.: 20-17986), Stuttgart, S. 130.

120 Vgl. Historisches Archiv der Dürr AG: Aufzeichnungen zur Dürr-Firmengeschichte von Dr. Claudia Nölting, 1995 (Archiv-Nr.: 20-17986), Stuttgart, S. 114.

121 Vgl. Historisches Archiv der Dürr AG: Aufzeichnungen zur Dürr-Firmengeschichte von Dr. Claudia Nölting, 1995 (Archiv-Nr.: 20-17986), Stuttgart, S. 131 ff.

122 Weingart ist seit 1980 Gesamt-
betriebsratsvorsitzender sowie
(auf den Vorschlag von Heinz Dürr hin)
auch stellvertretender Aufsichtsratsvorsitzender bei *Dürr* gewesen. 1998
wird er Konzernbetriebsratsvorsitzender.
Vgl. Weingart, Peter (2003): Mit Herz
und Seele Unternehmer, in: Heinz Dürr:
Annäherung an einen neugierigen
Unternehmer, Günther Sassmannshausen (Hrsg.), Frankfurt a. M., S. 100.

123 Dass Heinz Dürr die *AEG* damit
abhängig von *Daimler-Benz* gemacht
hat, ist insbesondere retrospektiv Anlass
für Kritik gewesen. Denn der Verlust
der Selbstständigkeit führte dazu, dass
der spätere *Daimler-Benz*-Vorstands-
vorsitzende Jürgen Schrempp die Auf-
spaltung und Abwicklung der *AEG*
beschließen konnte. Vgl. Strunk, Peter
(1999): Die AEG. Aufstieg und Niedergang
einer Industrielegende, Berlin, S. 187 ff.

124 Zitiert nach Dürr, Heinz (2008):
In der ersten Reihe. Aufzeichnungen
eines Unerschrockenen, Berlin, S. 247.

125 Vgl. o. V. (1989): „Elefantenhochzeit"
in der Oberflächentechnik, in:
„Oberfläche + JOT – Journal für die
gesamte Oberflächentechnik",
Jg. 29, Nr. 9, München, S. 8.

126 o. V.: „Elefantenhochzeit"
in der Oberflächentechnik, in:
„Oberfläche + JOT – Journal für die
gesamte Oberflächentechnik",
Jg. 29, Nr. 9, München 1989, S. 8.

127 Vgl. Dürr, Heinz (1995): Das Führungs-
kräfteproblem in Familienunternehmen –
Generationswechsel als Risiko und
Chance, in: Führungskräfte und
Führungserfolg. Neue Herausforde-
rungen für das strategische Management,
Ulrich Krystek, Jörg Link (Hrsg.),
Wiesbaden, S. 331 f.

128 Vgl. Plate, Markus et al. (2011):
Große deutsche Familienunternehmen:
Generationenfolge, Familienstrategie
und Unternehmensentwicklung, Stiftung
Familienunternehmen (Hrsg.), S. 161.

129 Vgl. Historisches Archiv der Dürr AG:
Aufzeichnungen zur Dürr-Firmenge-
schichte von Dr. Claudia Nölting, 1995
(Archiv-Nr.: 20-17986), Stuttgart, S. 163.

130 Zu diesem Zeitpunkt ist *Henry Filters*
bereits seit vielen Jahrzehnten
als Zulieferer für die amerikanische
Automobilindustrie am Markt etabliert
und konnte 1997 einen Umsatz von
umgerechnet 70 Millionen D-Mark
erwirtschaften.

131 *Dürr Ecoclean* ist eine Tochtergesellschaft der *Dürr*-Unternehmensgruppe,
die auf die Fertigung von Anlagen für
die industrielle Reinigung und Ober-
flächenbearbeitung spezialisiert ist.

132 Vgl. Historisches Archiv der Dürr AG:
Aufzeichnungen zur Dürr-Firmenge-
schichte von Dr. Claudia Nölting, 1995
(Archiv-Nr.: 20-17986), Stuttgart, S. 167.

133 Während sich ältere *Dürr*-Generationen
am Gründungsjahr 1895 orientieren,
also dem Jahr, in dem Paul Dürr als
selbstständiger Flaschner tätig wird, ist
der Anknüpfungspunkt im Jubiläumsjahr 2021 die Eintragung im Gewerberegister 1896 – also der offizielle Start
des Unternehmens.

134 Vgl. Historisches Archiv der Dürr AG:
Pressemitteilung „100 Jahre Dürr"
vom 08.07.1995, Ordner „Jubiläum"
(Archiv-Nr.: H 02-I), Stuttgart, S. 1 ff.

135 Vgl. o. V. (2002): Porträt: Hans Dieter
Pötsch, siehe: „manager magazin" [online],
https://www.manager-magazin.de/
unternehmen/karriere/a-212909.html,
zuletzt abgerufen am 18.04.2019.

136 Werres, Thomas (2005): Der Lack ist ab,
in: „manager magazin", Jg. 35, Nr. 10,
Hamburg, S. 114 ff.

137 Vgl. o. V. (1999): Dürr erwirbt
Maschinenbauer Carl Schenck,
siehe: „DIE WELT" [online],
https://www.welt.de/print-welt/
article588646/Duerr-erwirbt-
Maschinenbauer-Carl-Schenck.html,
zuletzt abgerufen am 19 04.2020.

138 Vgl. o. V. (2002): Innovationspreis
für Mitarbeiter-Teams, siehe:
Industrieanzeiger [online],
https://industrieanzeiger.industrie.de/
allgemein/innovationspreis-fuer-
mitarbeiter-teams/, zuletzt abgerufen
am 20.04.2020.

139 Das „RoDip"-Verfahren wird später
permanent weiter verbessert.
Vgl. Jungmann, Thomas (2007):
Rotationslackierverfahren RoDip
weiterentwickelt, siehe: „Journal für
Oberflächentechnik" [online],
https://www.jot-oberflaeche.de/branche/
rotationslackierverfahren-rodip-
weiterentwickelt-2000879.html,
zuletzt abgerufen am 24.04.2020.

140 Vgl. Werres, Thomas (2005):
Der Lack ist ab, in: „manager magazin",
Jg. 35, Nr. 10, Hamburg, S. 116.

141 Vgl. Dürr, Heinz (2008): In der ersten
Reihe. Aufzeichnungen eines Unerschrockenen, Berlin, S. 326.

142 Sämtliche Ausführungen von Ralf Dieter in diesem Kapitel entstammen einem Zeitzeugengespräch mit dem *Dürr*-CEO vom 18. Juni 2021 in Bietigheim-Bissingen.

143 Die Wahl Dieters zum neuen CEO erfolgt auf Vorschlag von Heinz Dürr, der von Dieters Arbeit bei *Schenck* beeindruckt ist. In seinen Memoiren bezeichnet er Dieter sogar als „besten Mann im Unternehmen". Vgl. Dürr, Heinz (2008): In der ersten Reihe. Aufzeichnungen eines Unerschrockenen, Berlin, S. 327.

144 Vgl. Dürr, Heinz (2007): Statement, in: Campus News, Ausgabe August 2007, Dürr AG (Hrsg.), Stuttgart, S. 4.

145 Zitiert nach o. V. (2009): Presse-information: Dürr-Campus eingeweiht. Modernes Arbeitsumfeld für 1.500 Mitarbeiter, Dürr AG (Hrsg.), Bietigheim-Bissingen, S. 2.

146 Vgl. Wittmann, Walter (2012): Superkrise. Die Wirtschaftsblase platzt, Zürich, S. 11 ff.

147 Zitiert nach o. V. (2009): Presse-information: Dürr-Campus eingeweiht. Modernes Arbeitsumfeld für 1.500 Mitarbeiter, Dürr AG (Hrsg.), Bietigheim-Bissingen, S. 2.

148 Vgl. Dürr, Alexandra; Flaig, Imelda (2007): „Man braucht auch Querdenker". Alexandra Dürr über Familie, Beruf und ihre Rolle als Aufsichtsrätin, in: „Stuttgarter Nachrichten" vom 30.03.2007, Stuttgart, S. 13.

149 Zitiert nach o. V.: HOMAG: Der Erfolg hat viele Namen, siehe HOMAG Group [online], https://www.homag.com/news-events/news/artikel/homag-der-erfolg-hat-viele-namen, zuletzt abgerufen am 01.11.2019.

150 Prellberg, Michael (2020): Je grüner desto billiger, in: „manager magazin", Jg. 50, Nr. 4, Hamburg, S. 89.

151 Zitiert nach Sassmannshausen, Günther (2003): Den Namen Dürr in die Welt hinaustragen, in: Heinz Dürr: Annäherung an einen neugierigen Unternehmer, Günther Sassmannshausen (Hrsg.), Frankfurt a. M., S. 72.

PERSONENREGISTER

UNTERNEHMENSREGISTER

IMPRESSUM

ISBN 978-3-446-47262-4

© Hanser Corporate im
Carl Hanser Verlag GmbH & Co. KG, München
Herausgeber: **Dürr AG**, Bietigheim-Bissingen
Autoren: Ingo Stader und Jesko Dahlmann
Historische Beratung und Konzeption:
H&C Stader GmbH, Mannheim, Ingo Stader, Max Schlenker
Lektorat: Bernd Marquard, Stuttgart
Korrektorat: Andrea Hensler, Verl
Gesamtgestaltung: semper smile Werbeagentur GmbH, München
Gesamtproduktion: Lösch GmbH & Co. KG, Waiblingen

Alle Fotos Inhalt: © Dürr AG
Umschlagfoto (vorne oben): © Thomas Winz / Photodisc / Getty Images
Umschlagfoto (vorne unten): © Dürr AG
Umschlagfotos (hinten): © Dürr AG
Autorenfotos: Ingo Stader © artbox.de
Jesko Dahlmann © Jesko Dahlmann / Fotografin: Joeline Winter

Gender Disclaimer:
In diesem Buch wird für eine bessere Lesbarkeit bei der
Nennung von Personen oder Personengruppen meist nur
die männliche Form verwendet. Sie schließt die anderen
Geschlechter immer mit ein.